rowohlts monographien
begründet von Kurt Kusenberg
herausgegeben von Wolfgang Müller
und Uwe Naumann

Harold Pinter

Dargestellt von Peter Münder

Rowohlt Taschenbuch Verlag

Umschlagvorderseite: Harold Pinter, 2003. Foto von
Martin Rosenbaum
Umschlagrückseite: Szene aus dem «Hausmeister»
mit Martin Horn und Fritz Schediwy. Regie: Wilfried Minks,
Kammerspiele in Bochum, 2003. Foto von Birgit Hupfeld
Harold Pinter. Foto von Toni MacGrath

Seite 3: Harold Pinter in seinem Haus in London

Originalausgabe
Veröffentlicht im Rowohlt Taschenbuch Verlag,
Reinbek bei Hamburg, Oktober 2006
Copyright © 2006 by Rowohlt Verlag GmbH,
Reinbek bei Hamburg
Umschlaggestaltung any.way, Wiebke Jakobs,
nach einem Entwurf von Ivar Bläsi
Redaktionsassistenz Katrin Finkemeier
Reihentypographie Daniel Sauthoff
Layout Gabriele Boekholt
Satz PE Proforma *und* Foundry Sans *PostScript,*
InDesign CS2 4.0.2
Gesamtherstellung Clausen & Bosse, Leck
Printed in Germany
ISBN 13: 978 3 499 50694 9
ISBN 10: 3 499 50694 7

INHALT

«Er ist ein Regisseur, von dem jeder Schauspieler
träumt. Objektiv, zu allen Kollegen höflich und
absolut klar und präzise in seiner Interpretation.»
(Schauspieler Alan Bates) Foto von Ivan Kyncl

Nobelpreis für den «Angry Old Man»: Kontroversen um Aktualität der Stücke und politisches Engagement

Neunundzwanzig Stücke sind genug, hatte Harold Pinter noch im Frühjahr 2005 in einem BBC-Interview[1] konstatiert und angekündigt, nicht mehr für das Theater zu schreiben, um sich vorrangig zu politischen Konflikten zu äußern. Sein letztes Stück, *Celebration*, einen vierzig Minuten langen Einakter, der eine zwar scharfe, aber unterhaltsame Kritik gedankenloser neureicher Hedonisten darstellte, hatte Pinter im Jahr 2000 verfasst. In den letzten Jahren hatte man von ihm vor allem polemische Attacken gegen US-Präsident Bush (*ein außer Kontrolle geratenes Monster*) sowie gegen den britischen Premier Tony Blair (*ein verwirrter Idiot und Handlanger der Amerikaner*) vernommen. Als er fast zeitgleich zum fünfundsiebzigsten Geburtstag im Oktober 2005 den Nobelpreis für Literatur erhielt, gab es in England neben einigen verärgerten Kommentaren überwiegend begeisterte Zustimmung für diesen «Angry Old Man». Die meisten britischen Kritiker und Autorenkollegen wie Tom Stoppard, Alan Ayckbourn und Michael Frayn begrüßten die Entscheidung des Stockholmer Nobelpreis-Komitees enthusiastisch. David Hare jubelte: «Endlich hat es mal den Richtigen getroffen!»[2] Sogar der «Daily Mirror» stimmte ein und tönte: «Pinters Erfolg ist ein nationaler Triumph, er ist so viel wert wie ein Finalsieg bei der Fußball-WM.»[3]

Zwiespältiger und kontroverser fiel dagegen die Reaktion in Deutschland aus. In den 60er und 70er Jahren hatte Pinter mit seinen Stücken *Der Hausmeister*, *Die Heimkehr* und *Betrogen* hier große Erfolge gefeiert und lange Zeit die Spielpläne beherrscht. Marcel Reich-Ranicki lobte die Preisvergabe als gute, richtige Entscheidung, der Regisseur Jürgen Flimm beschrieb Pinter als großartigen Dramatiker, der heute leider zu selten gespielt werde. Doch es gab auch Zweifel an dieser späten Ehrung. Knut Ahnlund, «emeritiertes» Mitglied des Nobelpreis-Komitees, der nach seiner

Der krebskranke Pinter verliest seine Nobelpreisrede in London.
Sie wird auf eine Videoleinwand in Stockholm übertragen.

vehementen Kritik an der Preisverleihung für Elfriede Jelinek
seinen Rücktritt aus dem Kuratorium verkündet hatte, hielt die
Entscheidung für Pinter ebenfalls für einen Fehlgriff und empörte
sich über die «erneute Abwertung» des Nobelpreises. Der scharf-
züngige Kritiker Denis Scheck verurteilte die Wahl als «Beleidi-
gung der Weltliteratur», während Sigrid Löffler, Chefredakteu-
rin des Magazins «Literaturen» die Preisverleihung als «bizarre
Wahl» bezeichnete, «abgesehen davon, dass Pinter aus der Mo-
de» ist.[4] Da die deutschen Erstaufführungen der erfolgreichsten
Pinter-Stücke *Der Hausmeister* (1960), *Die Heimkehr* (1965) und
Betrogen (1978) schon vor mehr als dreißig Jahren stattgefunden
hatten und Pinters schmaler literarischer Output der letzten Jahre
von seinen zahlreichen politischen Protestnoten bei weitem über-
troffen wurden, meldeten sich auch Stimmen zu Wort, die nicht
nur an der Aktualität der Stücke, sondern auch an der Kompetenz
des umtriebigen Politaktivisten zweifelten. Tilman Krause verurteilte in der «Welt» die Entscheidung des Nobelpreis-Komitees:

«Mit Harold Pinter ist man nun endgültig bei der Avantgarde von vorgestern angelangt. [...] Warum nicht gleich den Literaturnobelpreis posthum verleihen, kann man da nur fragen.»[5] Der «FAZ»-Theaterkritiker Gerhard Stadelmaier mokierte sich über den «intellektuellen Stammtischpolitiker» Pinter und befand: «Hier spreizt und produziert sich ein eingebildeter Engagierter.»[6]

Mit dem Nobelpreis ausgezeichnet wurde Pinter, weil er, wie es in der Begründung der Schwedischen Akademie hieß, «in seinen Dramen den Abgrund unter dem Alltagsgeschwätz freilegt und in den geschlossenen Raum der Unterdrückung einbricht».[7] Dieser faszinierende Kontrast von banalem Gerede und düsterer Bedrohung, von einem mit realistischen Mitteln dargestellten Mikrokosmos und diffusen Irritationen durch die Außenwelt, der den Zuschauer mit dem Gefühl entlässt, einem spannenden, live inszenierten Rätsel nie ganz auf die Spur kommen zu können, stellt auch heute noch den besonderen Reiz dieser frühen, fast schon klassischen Stücke dar. Es ist die mit neuartigen rhetorischen und dramaturgischen Mitteln evozierte «Ambivalenz des Eindeutigen»[8], die bis heute Kritiker und Publikum fasziniert und für ein florierendes Rezensionswesen der «Pinter industry» sorgt. Die in den USA gegründete Pinter Society, die schon seit einigen Jahren Petitionen und Resolutionen nach Stockholm schickte, um die Nobelpreis-Nominierung zu pushen, veranstaltet regelmäßig Symposien über Leben und Werk Harold Pinters und bietet mit dem Magazin «The

Das Cover des «Pinter Review» zeigt den siebzehnjährigen Pinter als Romeo in einer Schüleraufführung der Hackney Downs Grammar School.

The Pinter Review
COLLECTED ESSAYS 1999 AND 2000

Edited by
FRANCIS GILLEN and STEVEN H. GALE

Pinter Review» ein Forum für die Diskussion wichtiger (mitunter auch abwegiger) Themen. Über zweitausend Titel der Sekundärliteratur über Pinters Werk sind ein eindeutiges Indiz für ein immer noch andauerndes Faszinosum.

Der «Guardian»-Theaterkritiker und Pinter-Biograph Michael Billington erklärte in einer Diskussion mit BBC-Radiohörern: «Pinter hatte begriffen, dass wir in einer Zeit leben, die keine Antworten mehr liefert auf Fragen zur menschlichen Motivation und zu Verhaltensweisen. Wir erwarten nicht mehr, dass dramatische Situationen gelöst werden oder Stücke und Kunstwerke uns Lösungen anbieten. Pinters Stücke präsentieren eine menschliche Situation und überlassen es den Zuschauern, eine Antwort oder die fehlende Information zu finden: Wohin geht Stanley am Ende der Geburtstagsfeier? Wir wissen es nicht, Pinter weiß es nicht. Er erwartet, dass die Zuschauer irgendeine Antwort finden, die ihnen zusagt.» [9]

Für Überraschungen und Irritationen hatte Pinter schon mit seinen ersten Stücken gesorgt. Während aber nach der *Geburtstagsfeier*, dem *Hausmeister* oder der *Heimkehr* hauptsächlich über den Realismus oder das Absurde in seinen Stücken gerätselt und debattiert wurde, konzentrieren sich die Kontroversen nun auf sein politisches Engagement, das der künstlerischen Qualität seiner letzten Bühnenwerke (*Noch einen Letzten*, *Bergsprache*, *Party Time* oder der kurze Sketch *The New World Order*) nicht eben förderlich war und von etlichen Kritikern als simplifizierende Agitprop-Propaganda abgetan wurde.

Hingegen waren seine ersten Stücke unpolitisch und deuteten nur vage, wie in den Einaktern *Das Zimmer* und *Der stumme Diener*, eine Bedrohung durch die Außenwelt an. Die war jedoch ebenso abstrakt gehalten wie die Bühnenfiguren, die über kein Vorleben außerhalb der hermetisch geschlossenen Räume zu verfügen schienen und aufgrund ihrer fragmentarischen biographischen Details nur vage Identitätsmerkmale vorweisen. Da hocken Rose und der Zeitung lesende Bert Hudd in ihrem Zimmer, das Rose am liebsten nicht verlassen möchte. Rose ergeht sich in langen Monologen über das Wetter und das Essen, als plötzlich ein blinder Schwarzer namens Riley erscheint, der behauptet, eine Botschaft ihres Vaters zu haben: Rose soll nach Hause zurückkommen. Als Rose den Kopf des Blinden betastet, erschlägt ihn Bert. Rose stellt

Sein erstes Stück: «Das Zimmer». Foto von Ivan Kyncl

nun fest, dass sie nicht mehr sehen kann. Da wir weder Hinweise auf die Identität des Eindringlings noch Details zur Vorgeschichte der beiden Hauptfiguren kennen, wissen wir auch nicht, was Bert zu diesem aggressiven Akt veranlasste. Der schwarze Blinde wirkt wie eine surrealistische Symbolfigur; dem Vorwurf, hier willkürlich zu mystifizieren, den einige Kritiker nach der Uraufführung 1960 erhoben, kann man kaum widersprechen. Auch in *Der stumme Diener* bleibt vieles im Dunkeln. Pinter greift jedoch bei der Darstellung der beiden Killer-Figuren Ben und Gus, die im verschlossenen Zimmer auf ihren Auftrag warten und unterdessen mysteriöse Botschaften über einen Speiseaufzug erhalten, auf Stilmittel amerikanischer Gangsterfilme zurück. Überraschend ist hier, dass die Bedrohung in Form des Tötungsbefehls zwar noch von außen kommt, dass jedoch der eine Killer im hermetisch geschlossenen Raum den anderen umbringen soll. Insofern scheint sich das Moment der Verunsicherung und Bedrohung auf den Innenraum, genauer gesagt, auf das Bewusstsein verlagert zu haben. Pinter erzielt in diesem Einakter tatsächlich, wie Charles Marowitz 1960 schrieb, «maximale Spannung mit minimalen Effekten».[10]

Harold Pinter erzielte den Durchbruch auf englischen Bühnen erst einige Jahre nach John Osbornes überwältigendem Erfolg. Ein Vergleich mit Osbornes Stück «Blick zurück im Zorn» zeigt die großen Unterschiede dieser beiden Theater-Ikonen. Das brisante Protestpotenzial, mit dem John Osborne 1956 seinen Anti-Helden Jimmy Porter ausstattete und eine neue Theaterära einläutete, wirkt jetzt, fünfzig Jahre später, jedoch ziemlich antiquiert. Irritierend erscheinen heute die eingestreuten pseudoromantischen Szenen, in denen die Sehnsucht nach einer heilen Kuschelecke anklingt, in der sich Jimmy Porter und Alison von einer gefühllosen, ungerechten Außenwelt abschotten können. Die aufgeregten, teilweise hysterischen Reaktionen von Medien und Publikum auf den Protest dieses «Angry Young Man» gegen ein verkrustetes, dahinsiechendes Establishment sowie gegen träge, selbstzufriedene Kleinbürger, heuchlerische Politiker und eine dumpfe Trägheit, die weder für Enthusiasmus noch für irgendeine Form des Engage-

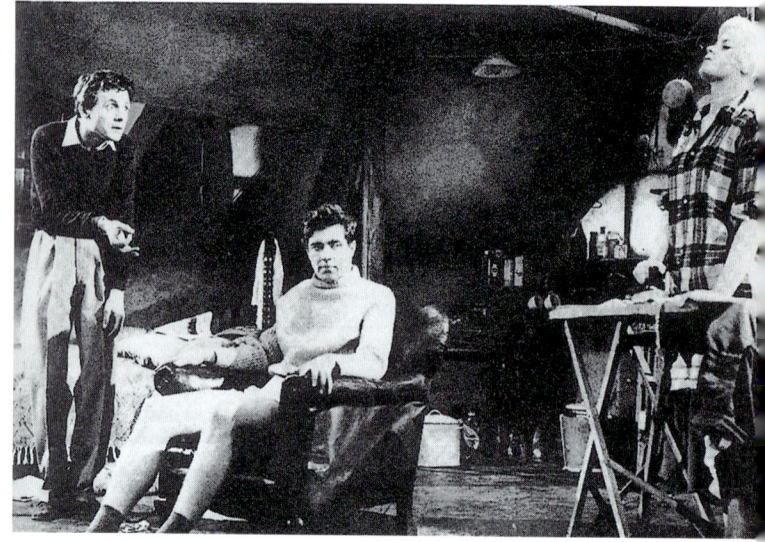

Mit John Osbornes «Blick zurück im Zorn» erwachte das englische Nachkriegstheater aus seinem Dornröschenschlaf. Der «Angry Young Man» Jimmy Porter wird zum Sprachrohr einer ganzen Generation.

ments Raum lässt, sind heute nur schwer nachvollziehbar. Jimmy Porter brachte seine Wut gegen eine Gesellschaft selbstzufriedener, indifferenter Kleinbürger in seiner Klage über fehlende Anliegen zum Ausdruck: «Es gibt keine gute, tapfere Sache mehr, die sich lohnt. Wenn der große Knall kommt und wir alle krepieren, dann bestimmt nicht für irgendeinen jener altmodischen Menschheitspläne, sondern für die neue, tapfere Niemand-will's-gewesen-sein-danke-schön-Welt.»[11]

Der zornige Anarchist Osborne hatte zur Zeit eines aggressiv intervenierenden Zensurapparats des Lord Chamberlain auch mit einem realistischen Alltagsjargon frischen Wind in die verstaubten britischen Theater gebracht und vor allem junge Zuschauer und progressive Kritiker begeistert. «Ich bezweifle, ob ich jemanden lieben könnte, der ‹Blick zurück im Zorn› nicht sehen will»[12], schrieb der Starkritiker Kenneth Tynan damals in seiner «Observer»-Kritik.

Ein Jahr nach Osbornes sensationellem Proteststück hatte Harold Pinter die Einakter *Das Zimmer* und *Der stille Diener* sowie das erste abendfüllende Stück *Die Geburtstagsfeier* verfasst. Als Schauspieler David Baron hatte Pinter übrigens mit einem Tourneetheater zweimal Rollen in Stücken von Osborne gespielt: Cliff, den Freund von Jimmy Porter, spielte er im Dezember 1957 im Intimate Theatre in Palmer's Green, außerdem trat er noch im Royal Court Theatre in einer Nebenrolle in «Epitaph for John Dillon» auf. Wahrscheinlich hatte ihn die Erfolgsgeschichte des Schauspielerkollegen John Osborne dazu veranlasst, sich statt auf die Lyrik stärker auf das Stückeschreiben zu kaprizieren. Der Kontrast seiner Stücke zu Osbornes theatralischem Meilenstein hätte allerdings kaum stärker ausfallen können, wie der spektakuläre Misserfolg der *Geburtstagsfeier*, die schon nach einer Woche am Londoner Lyric Theatre wieder abgesetzt wurde, zeigte. Zuschauer und Kritiker waren von dieser neuartigen Dramaturgie, Dialogtechnik und Figurenzeichnung, die irgendwo zwischen Henrik Ibsens Naturalismus und Eugène Ionescos Absurdität pendelte, offenbar gleichermaßen überfordert. Der rätselhafte Plot, die auf Alltagsbanalitäten fixierten Dialoge mit ihren redundanten Wiederholungsschleifen, mehrdeutigen Handlungsmotivationen sowie eine Figurenzeichnung ohne konkrete Hinweise auf individuelle biographische Details – all dies führte zu starken Irritationen und widersprüchlichen Interpretationen. Waren die Stücke vielleicht ähnlich absurd wie Becketts 1953 in Paris uraufgeführtes «Warten auf Godot»? War Pinter ein Neo-Existenzialist? Lieferte der Dramatiker hier vielleicht eine Art inszenierten Rorschach-Test, den jeder Zuschauer nach seiner Fasson interpretieren konnte? Viele Interpreten versuchten, sich mit einem griffigen Etikett aus diesem Dilemma zu befreien. Der englische Kritiker Martin Esslin ordnete Pinter neben Samuel Beckett und Eugène Ionesco ursprünglich als «Dramatiker des Absurden» ein, was er später korrigierte, Alberto Moravia bezeichnete Pinter als «Dramatiker des Geredes»[13], Charles Marowitz sprach vom direkten Nachfolger Tschechows[14], Reinbert Tabbert verstand Pinter als «Naturalisten des Absurden»[15], John Lahr bewunderte die «lyrischen Qualitäten eines Versandhauskatalogs»[16], die Pinter zur vollen Entfaltung bringen konnte. Und Irving Wardle, entzückt vom perfekt orchestrierten Alltagsgeschwätz der Bühnenfiguren, schwärmte vom «London Transport Poet» und kreierte in einer «Times»-Kritik den Terminus «Komödien der Bedrohung»[17], den er später für abwegig hielt und wieder zurücknahm. Pinter gelang es indes, die große Interpretationskonfusion mit eigenen kryptischen Kommentaren noch zu steigern: *Was in meinen Stücken passiert, ist realistisch, aber was ich praktiziere, ist kein Realismus.*[18] Kein Wunder, dass der amerikanische Theaterhistoriker Richard Schechner seinem Aufsatz den Titel «Puzzling Pinter»[19] verlieh und Austin Quigley seine Studie (Princeton 1975) «The Pinter Problem» nannte. Da-

Samuel Beckett übte einen starken Einfluss auf Pinter aus und war immer ein bewundertes Vorbild. Foto von Hugo Jehle

mit wird der irritierende Kontrast angesprochen, der für Pinters Stücke charakteristisch und zum faszinierenden Markenzeichen einer neuen Stimme wurde: Paradoxe Kommunikationsstrukturen, diffuse Handlungsmotivationen sowie eine minimalistische Figurenzeichnung sind in eine eher naturalistisch gehaltene Szenerie eingebettet, die einen Gesamteffekt unberechenbarer Bedrohlichkeit ergibt.

Als Pinter vorübergehend engere Kontakte zum Royal Court Theatre pflegte, das ja John Osbornes «Blick zurück im Zorn» herausgebracht hatte und Pinters Einakter *Das Zimmer* und *Der stumme Diener* aufführte, wollten einige Kritiker ihn als Royal-Court-Dramatiker klassifizieren, um das rätselhafte Pinter-Phänomen mit diesem nichts sagenden Label endlich in den Griff zu bekommen. Dagegen protestierte Pinter jedoch, weil er großen Wert auf seine Unabhängigkeit legte und sich von keiner Gruppe vereinnahmen lassen wollte. Selbst die Einschätzung als jüdischer Autor lehnte er ab, obwohl er ja aus einer jüdischen Familie stammt und Beiträge für die englische Zeitschrift «Jewish Quarterly» verfasst hatte.

So rätselhaft und überraschend wie die Handlungsweise seiner Figuren ist auch die Umorientierung dieses ursprünglich energisch am künstlerischen Autonomiekonzept festhaltenden Bewohners des Elfenbeinturms zum gesellschaftskritischen, meist enragierten Homo politicus. Ist dies vielleicht der rigide missionarische Eifer eines Konvertiten? Der Sprachartist Harold Pinter hatte sich noch während der Produktion seiner ersten Stücke als Beckett-Bewunderer zu einer politisch indifferenten L'art-pour-l'art-Position bekannt und sich über Seifenkistenredner mit politischem Sendungsbewusstsein mokiert. Seit Anfang der 1980er Jahre sorgte er jedoch mit seinem lautstarken politischen Engagement für eine extreme Polarisierung von Kritikern und Zuschauern. Dieses Engagement ist insofern überraschend, als er sich noch in seiner Hamburger Rede von 1970 anlässlich der Verleihung des Shakespeare-Preises der Universität Hamburg als pragmatischen Theatermann und schreibenden *Handwerker*[20] bezeichnete, der stärker am pünktlichen Beginn einer Vorstellung interessiert sei als an politischen Implikationen oder an den Deutungsversuchen seiner Stücke. Die Studenten, die damals, auf dem Höhepunkt des

Zusammen mit Arthur Miller bereiste Pinter 1985 im Auftrag des PEN die Türkei. Am Flughafen von Istanbul werden sie von Orhan Pamuk begrüßt.

Vietnamkrieges, kritische Kommentare über die Arroganz einer skrupellosen, Napalm und Agent Orange einsetzenden imperialistischen Supermacht erwarteten, wurden enttäuscht: Darüber verlor Pinter kein Wort. Es stellt sich daher die Frage nach den Gründen für seinen ideologischen Richtungswechsel. Ein erstes Schlüsselerlebnis war wohl der 1973 mit USA-Hilfe organisierte Pinochet-Putsch gegen den gewählten marxistischen chilenischen Präsidenten Salvador Allende, der dazu führte, dass Pinter die amerikanische Außenpolitik nun äußerst kritisch beobachtete und öffentlich kritisierte. Vor allem die brutale US-Intervention in Nicaragua, die den Aufbau fortschrittlicher Sozialstrukturen verhinderte und den Tod Tausender in Kauf nahm, empörte Pinter zutiefst. In seiner Nobelpreisrede ging er darauf auch ausführlich ein. Noch beeindruckender und prägender war jedoch die mit Arthur Miller im Auftrag von PEN-International durchgeführte Türkeireise von 1985, die ihn veranlasste, den wohl behüteten Elfenbeinturm zu verlassen. Die beiden prominenten Autoren sollten die Situation der Kurden und die Lage verfolgter türkischer Schriftsteller untersuchen und wurden dabei mit brutalen Foltermethoden der damaligen Militärdiktatur konfrontiert. In seinem einfühlsamen Nachruf auf den im Frühjahr 2005 verstorbenen Arthur Miller evozierte Pinter noch einmal die deprimierenden Gespräche mit verfolgten und inhaftierten Autoren und erinnerte an ein Dinner beim amerikanischen Botschafter in Ankara, das mit dem Rauswurf der beiden kritischen Beobachter endete. Der Botschafter hatte die US-Unterstützung für das brutale türkische Regime mit den besonderen Bedingungen vor Ort, vor allem auch mit der Bedrohung durch die Sowjets gerechtfertigt, worauf Pinter vehement gegen dieses merkwürdige Demokratieverständnis protestierte und den US-Diplomaten mit der Frage provozierte: *Wie würde es Ihnen denn gefallen, wenn Ihr Penis mit Stromschlägen traktiert würde?*[21] Als Pinter sich dann mit der Bemerkung: *Ich glaube, man hat mich rausgeworfen,* an Arthur Miller wandte, reagierte der spontan und entschlossen und sagte nur: *Dann gehe ich mit.* Pinters Nachruf endet mit dem Satz: *Mit Arthur Miller aus der amerikanischen Botschaft in Ankara rausgeworfen zu werden, das war einer der stolzesten Momente in meinem Leben.*[22]

Zweifellos hat diese emotional aufwühlende Erfahrung, die Begegnung mit gefolterten Autoren wie auch die Konfrontation mit der Arroganz der Macht in Gestalt eines ignoranten amerikanischen Diplomaten, bei Pinter einen Prozess politischer Neuorientierung ausgelöst und aus dem ehemaligen Laisser-faire-Briten einen radikal denkenden Demokraten gemacht. In Stücken wie *Noch einen Letzten* und *Bergsprache* hatte Pinter daraufhin diese Eindrücke thematisiert, indem er das brutal-bedrohliche Verhalten von Folterknechten und die Diskriminierung eines Bergvolkes sowie den Verlust ihrer eigenen Sprache beschrieb.

Die Radikalisierung seiner politischen Überzeugungen ist daher, überspitzt formuliert, als Resultat der militanten US-Außenpolitik zu betrachten. An diesem Punkt, erklärte Pinter, konnte er sich die harmlosen Späße und Wortspielereien früherer Stücke nicht mehr leisten. *Ich fürchte, der Scherz ist vorbei, ich kann keine Witze mehr machen und auch keine Spielchen mehr spielen. Daher schreibe ich immer kürzere Stücke, die immer brutaler werden und von einer offen liegenden Nacktheit sind.*[23] Die Kontroversen um die Nobelpreisverleihung nahmen daher auch die Frage ins Visier, ob hier vor allem der «Bush-Basher» ausgezeichnet wurde, um diese bedenkliche Entwicklung einer amerikanischen Großmachtpolitik zu konterkarieren.

In seiner in London aufgezeichneten Nobelpreisrede beschuldigte der im Rollstuhl sitzende Harold Pinter die USA des Staatsterrorismus sowie der systematischen Unterstützung *jeder rechtsgerichteten Diktatur der Welt nach Ende des Zweiten Weltkrieges*.[24] Die Invasion im Irak bezeichnete er als Banditenakt, der den Tod von mehr als 100 000 Irakern als Lappalie in Kauf genommen hätte. Wieder einmal forderte Pinter daher, den US-Präsidenten und den britischen Premier vor einem internationalen Kriegsverbrechertribunal anzuklagen. Ein sarkastischer Kommentar über den raffinierten, verharmlosenden Propagandajargon des US-Präsidenten gipfelte schließlich in seinem Angebot, als Redenschreiber für George W. Bush aktiv zu werden. Interessant waren in diesem Zusammenhang Pinters Ausführungen über die Funktion der Sprache als Verschleierungsinstrument, mit dem man die *Gedanken in Schach halten* und sich *ein wirklich luxuriöses Kissen zur Beruhigung*[25] bilden könne. Die Menschen verachtende US-Außenpolitik treibe ihn um, mit klaren Worten der Wahrheit auf den Grund zu gehen. Da könne er sich als *Bürger* nicht mehr auf die subtilen Finessen in einer Grauzone künstlerischer Ambivalenz berufen, wie er dies als «Autor» beanspruche. Als politisch engagierter Bürger müsse er nach eindeutigen Antworten suchen und fragen: *Was ist wahr? Was ist unwahr?*[26]

Sehen Sie, mich kann man nicht feuern, weil ich ja keinen Job habe. Deswegen werde ich auch weiterhin alles sagen, was ich für richtig halte.
Harold Pinter in einem «Independent»-Interview, 20. September 1993

Diese Position bekräftigte er noch einmal bei der Verleihung des mit 60 000 Euro dotierten Europäischen Theaterpreises im März 2006 in Turin. In einer öffentlichen Diskussion mit dem «Guardian»-Kritiker Michael Billington appellierte Pinter dort an die Solidarität aller Europäer im Kampf gegen den amerikanischen Kriegstreiber George W. Bush und den von ihm angezettelten Irak-Krieg. Allerdings erklärte er nun auch, sein wieder erwachtes Interesse für Lyrik sei auf die Lektüre der Gedichte von Brecht, Nelly Sachs und Paul Celan zurückzuführen (vgl. «The Guardian», 14. 3. 2006).

Kindheit und Jugend: Goldene Jahre mit der Hackney-Gang

Seine Jugendjahre im Londoner Eastend im Stadtteil Hackney, wo er am 10. Oktober 1930 als Sohn des jüdischen Schneiders Jack Pinter und seiner Ehefrau Frances, geb. Moskowitz, geboren wurde, hat Harold Pinter trotz dreier Evakuierungen während des Krieges und gelegentlicher Konfrontationen mit den antisemitischen Nazi-Sympathisanten des rechtsradikalen Oswald Mosley in so guter Erinnerung, dass sein Biograph Michael Billington von den «goldenen Jahren»[27] in Hackney spricht. Schließlich kam Pinter hier mit allem in Berührung, was ihn faszinierte und begeisterte und ihm zum Lebensinhalt geworden ist, nämlich Literatur und Cricket, Theater und Film. Und mit den drei Jugendfreunden Morris Wernick, Henry Woolf und Mick Goldstein, die ebenfalls starke künstlerische Neigungen hatten, hält Pinter lebenslang Kontakt, obwohl sie inzwischen nach Kanada und Australien ausgewandert sind. Sie waren die Vorbilder für die Figuren Mark, Len und Pete aus dem später zum Hörspiel umgearbeiteten Roman *Die Zwerge*. Henry Woolf kann getrost als eigentlicher Entdecker des Dramatikers Harold Pinter bezeichnet werden. Der Theaterwissenschaftler sorgte 1957 dafür, dass Pinters erstes Stück *Das Zimmer* im Rahmen eines Studententheater-Festivals an der Universität Bristol erfolgreich aufgeführt wurde. Ihn betreute Pinter mit der Rolle des monologisierenden Mannes im Einakter *Monolog*, der 1973 vom BBC-Fernsehen gesendet wurde.

Das eher düstere Ambiente in Hackney beschreibt Pinter noch viele Jahre später im Interview mit dem «New Yorker» sehr detailliert. *Ich lebte in einem Ziegelhaus in der Thistlewaite Road in der Nähe vom Clapton Pond, auf dem es einige Enten gab. Es war eine Arbeitergegend – einige große, heruntergekommene viktorianische Häuser und Seifenfabriken mit einem schrecklichen Geruch und viel Eisenbahngelände. Und Läden, eine Menge Läden. Aber nicht weit entfernt von unserem Haus war der Fluss Lea, ein Nebenfluss der Themse, und wenn man zwei Meilen flussaufwärts ging, war man in einem Moor und an einem übel riechenden Kanal bei einer schrecklichen Fabrik mit einem riesigen schmutzigen Schornstein, die Dreck in den Kanal absonderte. Meine Mutter war eine wunderbare Köchin, mein Vater arbeitete schwer. Zwölf Stunden täglich nähte er Kleider in seinem Laden, aber er verlor sein Geschäft und arbeitete dann für einen anderen Unternehmer.*[28]

Das Elternhaus in der Thistlewaite Road 19 war zwar kein Hort bildungsbürgerlicher Kulturträger, doch die Eltern hatten große Sympathien für die literarischen Interessen ihres Sohnes. Pinter schrieb schon als Zwölfjähriger Gedichte. Bevor er sich für das Theater interessierte, faszinierten ihn vor allem Dichter wie Dylan Thomas und T. S. Eliot sowie die großen Romane der Weltliteratur. In seiner Dankesrede zum 1995 verliehenen David-Cohen-Literaturpreis erinnert sich Pinter: *Ich kann nicht behaupten, dass es eine sehr starke literarische Tradition in meiner Familie gab. Meine Mutter las gerne Romane von A. J. Cronin und Arnold Bennett,*

Thistlewaite Road 19, Hackney: Hier verbrachte Pinter seine Kindheit und Jugend.

Pinters Eltern Jack und Frances (Mitte) bei ihrer Hochzeit am
9. Juni 1926. Sie werden flankiert von seinen Großeltern Harry
und Rose Moskowitz (rechts) und von Nathan und Fanny Pinter.

*und mein Vater, der als Schneider arbeitete und das Haus um sieben Uhr
morgens verließ und abends um sieben zurückkam, mochte Wildwest-
Romane. Es gab aber nur wenige Bücher im Haus. Das lag natürlich
daran, dass wir uns völlig auf die Büchereien verließen. Niemand konnte
es sich leisten, Bücher zu kaufen.*[29]

Als Einzelkind wurde der Junge nicht nur von den Eltern
verwöhnt, auch die Verwandtschaft liebte ihn und nahm großen
Anteil an seiner Entwicklung. Trotzdem war er meistens auf sich
allein gestellt, was sich auch nicht änderte, als er mit sechs Jahren
die Grundschule am kleinen Teich Clapton Pond besuchte. Da er
kaum Spielkameraden hatte, erfand er sich imaginäre Gesprächspartner. *Als ich acht oder neun war, erfand ich mir fiktive Freunde, die
mir im hinteren Teil des Gartens Gesellschaft leisteten. Wir hatten einen
Fliederbaum, hinter dem sich ein verwilderter Garten befand. Das wur-*

de mein Refugium, wo ich alle diese imaginären Freunde traf, die sicher nicht meine Brüder und Schwestern waren, auf jeden Fall waren es aber alles Jungs. Ich hatte diese absolute Phantasie-Existenz, in der wir uns alle laut hinter dem Fliederbaum unterhielten. Da hinten an der Rückseite des Gartens gab es auch eine Wäscherei, die offenbar immer noch existiert. Ich führte also dieses Phantasiedasein mit der dröhnenden Wäscherei im Hintergrund.[30]

Dieser Garten mit dem Fliederbaum, in dem Pinter als Teenager unter klarem Sternenhimmel gelegentlich mit seinen Freunden übernachtete, wird auch in *Die Zwerge* beschrieben. Diese Idylle fand mit dem Kriegsbeginn 1939 allerdings ein Ende. Im Rahmen der Evakuierungen wurde der Junge mit vierundzwanzig Klassenkameraden für ein Jahr in ein im neugotischen Stil erbautes Schloss nach Caerhays in Cornwall geschickt. Trotz der malerischen Kulisse wirkte alles deprimierend. Die Ställe auf dem Schlossgelände waren zu Schlafräumen mit unbequemen Kojen umgebaut worden, vom autoritären Mr. Nelson, dem Lehrer, der aus Hackney mitgereist war, wurden die Schüler regelmäßig kräftig in den Rücken geboxt. Überdies hinterließen die seltenen Besuche der Eltern stets ein großes emotionales Vakuum. *Als meine Eltern sich nach einem Besuch verabschiedet hatten und zur Bushaltestelle zurückgingen, war der Weg für mich zurück zum Wohntrakt ziemlich weit. Ich ging jedoch den gesamten Weg zum Schloss zurück, drehte mich um und sah sie als stecknadelgroße Konturen wartend an der Bushaltestelle. Da rannte ich plötzlich den ganzen Weg wieder zu ihnen zurück, und natürlich kamen sie mir auch entgegengelaufen.*[31]

Für den neunjährigen Jungen, der plötzlich aus dieser überprotektiven «Yiddishkeit» (ein Ausdruck des Freundes Henry Woolf) herausgerissen wurde, war dieses Jahr ein schockartiges, traumatisches Erlebnis. Pinters in den frühen Stücken erkennbare Fixierung auf Schutzzonen, die Geborgenheit und Sicherheit bieten und gegen fremde Usurpatoren verteidigt werden, ist sicher auf den Verlust dieses innigen jüdischen Familienkokons und auf ein daraus resultierendes vorübergehendes Gefühl totaler Verunsicherung während dieser Evakuierungszeit zurückzuführen. Pinter sprach davon, er habe damals keinen festen Begriff davon gehabt, *überhaupt zu existieren.*[32]

Wie nachhaltig die Eindrücke aus dieser Evakuierungsphase

in Caerhays sind, zeigt auch die Tatsache, dass Pinter als Teenager mit seinem Freund Morris Wernick durch Cornwall trampte, mit seiner ersten Ehefrau Vivien Merchant die Flitterwochen in Caerhays verbrachte und auch seiner zweiten Frau Antonia Fraser das Schloss zeigte, in dem es die umgebauten Ställe mit den primitiven Schlafkojen immer noch gab.

Nach der Rückkehr nach London wurde Pinter noch zwei Mal evakuiert. 1941 zog er mit seiner Mutter zu einer Arbeiterfamilie nach Reading, wo er auch seine Aufnahmeprüfung für die Oberschule absolvierte. Zuerst erhielt er die Nachricht, die Prüfung nicht bestanden zu haben. Daraufhin intervenierte sein resoluter Vater bei der Schulbehörde, die ihren Bescheid plötzlich korrigierte und nun befand, Pinter habe knapp bestanden. Für den sportlich ambitionierten Jungen, der später neue Schulrekorde im 100- und 200-Yard-Sprint aufstellte und laut eigenem Bekenntnis *mit einem Cricketschläger auf die Welt gekommen*[33] war, bot Reading mit einem guten Fußballverein eine interessante Attraktion. Jedenfalls sah er sich regelmäßig die Spiele des Vereins an. Bei der dritten Evakuierung mit den Klassenkameraden 1944 in Norfolk wurde er dann zum begeisterten Anhänger des Yorkshire Cricket Club. Pinter gründete später einen eigenen Cricket-Club, den Gaieties CC, besuchte oft die großen Test-Matches im Lord's Stadion und schrieb Gedichte über den bewunderten Cricketspieler Len Hutton: *I saw Hutton in his prime – another time, another time.*[34] Jedenfalls ist Cricket neben der Literatur und dem Theater für Pinter wohl die wichtigste Sache der Welt. Bei jeder Evakuierung, bei jedem Bombenalarm griff er sich zuerst den Cricketschläger. Außerdem nahm er noch Papier und Schreibutensilien mit, um Gedichte – meistens waren es Liebesgedichte – zu schreiben. Eindrücke der Evakuierung im rustikalen Norfolk, wo es einen herrlichen Garten voll unbekannter Pflanzen gab, finden sich übrigens in einem der ersten Stücke wieder. *Als ich fünfzehn Jahre später «Ein leichter Schmerz» schrieb, fiel mir sofort das Haus in Norfolk ein, wohin wir 1944 verschickt worden waren. Dort gab es einen Garten mit vielen Blumen, die ich vorher noch nie gesehen hatte: Geißblatt, Convolvulus usw. Es gab dort zwar keinen Streichholzverkäufer, aber dieses Anfangsbild des Hauses in Norfolk tauchte sofort auf und inspirierte mich zu dem Stück.*[35]

Die nostalgische Verklärung der Londoner Blitz-Zeit, wie sie in einigen britischen Stücken und Romanen betrieben wurde, kann Pinter nicht nachvollziehen. Schließlich war das Eastend mit am stärksten bombardiert worden. *Für einen kleinen Jungen war das damals alles sehr dramatisch. Sporadische, aber intensive Bombardements, immerzu Fliegeralarm, ein Bewusstsein davon, wie extrem und tödlich das Leben sein kann. Man lebte in einer Welt, in der es im Winter schon um fünf Uhr völlig dunkel war [...], sogar die Verkehrsampeln waren abgedunkelt, und man orientierte sich mit Hilfe von Taschenlampen. Es gab auch Brandbomben. Wir wurden einmal alle aus unserem Haus evakuiert, da hatten wir die Tür geöffnet und sahen direkt auf den lichterloh brennenden Garten, in dem auch der Fliederbaum in Brand geraten war. Wir mussten sofort das Haus verlassen – aber erst, nachdem ich auch meinen Cricketschläger geholt hatte.*[36]

Zum festen Bestandteil der jüdischen Familientradition gehörte auch der Besuch von Vorbereitungskursen für Bar Mitzvah, die Pinter in der Lea-Bridge-Religionsschule absolvierte. Aber nach Bar Mitzvah überwog ein starker Agnostizismus. *Nachdem ich dreizehn geworden war, hatte ich mit der Religion für immer abgeschlossen.*[37]

Mit seinem intellektuellen Reifeprozess ging auch eine sexuelle Frühreife einher. Seine anfängliche Schüchternheit im Umgang mit Mädchen kompensierte Pinter mit phantasievollen, improvisierten Rollenspielen, die auf sein früh entwickeltes Schauspieltalent schließen lassen. Er hatte sich als Dreizehnjähriger in ein vierzehnjähriges Nachbarsmädchen aus der Thistlewaite Road verliebt, wusste aber nicht genau, wie er den Kontakt aufnehmen sollte. *Ich sah dieses Mädchen oft in unserer Straße vorbeigehen, brachte es aber nicht fertig, sie anzusprechen. Also rief ich sie an und tat so, als wäre ich ein amerikanischer Soldat, und sagte ihr, wie sehr ich sie bewunderte. Ich legte mir einen amerikanischen Akzent zurecht und erklärte, dass ich zu einer bestimmten Uhrzeit am Eingangstor zum Springfield Park, ganz in der Nähe, sein würde. Sie antwortete: «So etwas Verrücktes habe ich noch nie im Leben gehört. Wie können Sie das wagen? Wer sind Sie überhaupt?» Und so weiter. Jedenfalls marschierte ich zum Eingangstor am Springfield Park, und sie erschien tatsächlich. Ich kann mich gut daran erinnern, weil es ein regnerischer Tag war und sie trotzdem zum Tor gekommen war. Als sie mich dort allein im Regen-*

mantel stehen sah, rief sie: «Harold Pinter! Was um Gottes willen machst du hier?» Ich sagte, ich wollte sie nur sehen – danach hatten wir eine ziemlich anstrengende Beziehung, die sich das ganze Jahr hinzog.[38]

Die Schuljahre von 1944–48 an der Hackney Downs Grammar School waren für Pinter besonders prägend und beflügelnd. Sein Lesehunger schien unstillbar, sein Wissensdurst und seine natürliche Neugier waren immens. Er hatte schon früh angefangen, Gedichte zu schreiben, wollte sich jedoch intensiver mit Literatur beschäftigen und besuchte daher regelmäßig die Stadtbücherei in Hackney, die er als wahres *Lebenselixier* empfand. Jetzt verschlang er Romane von Fjodor Dostojewskij, D. H. Lawrence, Ernest Hemingway, las Rimbaud, Virginia Woolf, T. S. Eliot. Er entwickelte ein Faible für moderne, avantgardistische Autoren wie James Joyce und Samuel Beckett und war vom «Ulysses» so begeistert, dass er sich ein Exemplar vom gesparten Taschengeld kaufte. *Ich lese den Ulysses jeden Abend, wenn ich schlafen gehe. Der bereitet mir große Freude und bringt mich zum Lachen.*[39] Er veröffentlicht als Sechzehnjähriger im Schulmagazin einen Aufsatz *Über*

Pinter mit seinem
Vater Jack, 1946

das Unbewußte im Ulysses und geht auch auf «Finnegans Wake» ein: *Hier befinden wir uns in einer Traumwelt, mit dem Liffey als Hauptachse, an dem alle Flüsse der Welt zusammentreffen. Allmählich fällt die gesamte Traumwelt in einen Schlummerzustand, die Wörter werden schläfrig und dösig, langsam werden die Wörter weicher, treibender, fließender, und das Werk endet dort, wo es begann – nämlich mitten in einem Satz.*[40]

Die Eltern ermunterten den Sohn zum Lesen und schenkten dem Vierzehnjährigen einen Band mit den gesammelten Werken William Shakespeares. Doch von der «Ulysses»-Lektüre des Teenagers war Jack Pinter überhaupt nicht angetan. Der konservative Vater hielt diesen umstrittenen Roman für ein anrüchiges Machwerk und entfernte den Band aus dem Bücherregal im Wohnzimmer mit den Worten: «Hier, wo Frances das Essen serviert, ist kein Platz für so etwas.»[41]

Mit der Schulzeit an der Hackney Downs Grammar School begann eine äußerst kreative, stürmische Phase für Pinter. Ungefähr die Hälfte der Schüler war jüdisch, die Anforderungen waren hoch, die Lehrer waren verständnisvoll und konnten die Schüler begeistern. Als großer Glücksfall und einfallsreicher Mentor erwies sich der von Pinter verehrte Englischlehrer Joseph Brearley. Der hatte ein Schultheater gegründet und machte Pinter mit William Shakespeare, John Webster und den bedeutendsten Romanciers vertraut. Brearley nahm den fünfzehnjährigen Pinter mit ins Theater, um ihm den legendären Shakespeare-Mimen Donald Wolfit in einer beeindruckenden «König-Lear»-Aufführung zu zeigen. *Von Wolfits Lear konnte ich nicht genug kriegen – ich sah ihn mir sechs Mal hintereinander an.*[42]

Brearley hatte den jungen Pinter für eine «Macbeth»-Aufführung mit der Hauptrolle betraut und dafür gesorgt, dass «News Chronicle» über diese Schüleraufführung berichtete. *Joe Brearley war ein großer Mann aus Yorkshire, der Malariaanfälle hatte, im Krieg auf See torpediert worden war und eine leidenschaftliche Begeisterung für englische Lyrik und dramatische Literatur besaß. Bis er an die Schule gekommen war, hatte es kein Schultheater gegeben. Er kündigte gleich an, Macbeth aufzuführen, zeigte im Unterricht auf mich und sagte: «Und du, Pinter, wirst Macbeth spielen». «Ich, Sir?», antwortete ich. «Ja, du», sagte er. Ich war fünfzehn und spielte tatsächlich den Mac-*

Seine erste Rolle: Pinter (vorne links in Uniform) als Macbeth in einer Schüleraufführung, inszeniert vom verehrten Lehrer Joseph Brearley

beth – *in der Uniform eines Generalmajors. Diese Uniform gefiel mir so gut, dass ich sie nach der Generalprobe anbehielt und damit den 38er-Bus bestieg, um nach Hause zu fahren. Alte Ladys lächelten mir zu, während der Busschaffner mich eingehend betrachtete und meinte: «Tja, ich weiß gar nicht, was ich dir für die Fahrkarte berechnen soll.»* [43]

In seiner wohlwollenden Kritik im «News Chronicle» hatte Brearleys Bekannter Alan Dent geschrieben: «Es war insgesamt eine Inszenierung mit einer guten schauspielerischen Sprechtechnik der Schauspieler, allerdings schlecht ausgeleuchtet. Der junge Harold Pinter gab einen eloquenteren, aufgewühlteren Macbeth als etliche der Profi-Schauspieler, die ich in den letzten Jahren gesehen habe.» [44]

Als Pinter den Kritiker zwanzig Jahre später während einer TV-Aufzeichnung im Studio traf und Alan Dent einigermaßen verlegen war, weil er Pinters frühe Stücke nicht gerade schmeichelhaft besprochen hatte, beruhigte ihn Pinter mit den Worten: «*Machen Sie sich keine Sorgen, Mr. Dent, Sie gaben mir die liebste, be-*

deutendste Kritik, die ich als Schauspieler je bekam. Ich habe sie immer noch zu Hause in meinem Shakespeare-Band aufbewahrt.»[45]

Pinter und die Kritik: Das ist ein weites, brisantes Feld. Nach der Produktion seiner ersten Stücke schien er die Funktion der Kritik zu überschätzen und jeden Verriss als persönlichen Affront zu verstehen. Für den Fehlstart der *Geburtstagsfeier*, die ja nach anfänglichem Erfolg beim studentischen Publikum in Oxford und Cambridge dann in London ein totaler Flop wurde, macht er wohl immer noch, wie ja auch sein Biograph Michael Billington, allein die Kritiker verantwortlich. Sogar dem damals äußerst wohlgesinnten Kritiker Harold Hobson werden Vorwürfe gemacht, weil dessen euphorische Rezension in der «Sunday Times» erst nach Absetzung des Stücks erschienen war. Diese einzige positive Kritik konnte nach mehreren veröffentlichten Verrissen und spärlichem Zuschauerinteresse den Flop nicht mehr verhindern. Auch bei einem Treffen mit dem Kritiker Kenneth Tynan erinnerte sich Pinter Jahre später noch genau, mit welchen Einwänden der Star-Kritiker die Thematik der *Geburtstagsfeier* abqualifiziert hatte. Und nach der Weigerung mehrerer englischer und amerikanischer Zeitungen, seine kurzen, mit Fäkalsprache angereicherten Anti-Kriegs-Gedichte zu veröffentlichen, war Pinter nicht nur empört, sondern er spekulierte auch über eine geschlossene antidemokratische Front, die offenbar verhindern wollte, dass seine aufklärerische Botschaft über den *amerikanischen Elefanten*[46] an die Öffentlichkeit gelangte.

Während der Schulzeit in Hackney gerieten die Spaziergänge mit Joe Brearley über die Wiesen entlang der Kanäle zum fast theatralischen Spektakel. Beide deklamierten dabei lautstark Passagen aus den blutrünstigen Stücken von John Webster, mit Vorliebe aus der «Herzogin von Malfi», an deren blumiger Sprache sie sich geradezu berauschten. Websters Sprache habe ihn schwindlig gemacht, bekannte Pinter. In seinem ersten, im Alter von neunzehn Jahren im Magazin «Poetry London» veröffentlichten Gedicht *New Year in the Midlands* hatte Pinter dem ungewöhnlichen Brearley, mit dem er inzwischen eine enge Freundschaft geschlossen hatte, ein Denkmal gesetzt. Auf die Veröffentlichung waren die Eltern sehr stolz gewesen, bei einem Familientreffen las Pinter sein Gedicht dem geschäftstüchtigen Onkel Coleman vor, der ein gutes Gespür für lukrative Geschäfte hatte. Der war von diesem Gedicht zwar angetan, unterbrach den Vortrag jedoch an der Stelle, wo vom beliebten *Whitbread Ale* die Rede ist, und erklärte: *Whitbread-Aktien entwickeln sich gerade prächtig, hört auf meinen Tipp!*[47] Pinter hatte dieses Gedicht noch unter dem Autorennamen «da Pinta» publiziert, weil er dies für exotisch und aufregend hielt. Verwandte hatten ihm nämlich suggeriert, seine Familie stamme von einem vornehmen südländischen Geschlecht namens da Pinta ab. Für den unvergessenen, geliebten Lehrer schrieb Pinter nach dessen Tod 1977 das bewegende, einfühlsame Abschiedsgedicht *Joe Brearley 1909–1977*, das an das erste Poem von 1950 anknüpft und mit den Zeilen endet: *Ich bin an deiner Seite und spaziere mit dir von Clapton Pond bis Finsbury Park, und weiter, noch weiter.*[48]

Eine große Rolle spielte in dieser goldenen Hackney-Periode die Gang, mit der er durch die Umgebung streifte. Man diskutierte über Literatur, Filme und Philosophie, besuchte auch gemeinsam

Pinter (ganz links) mit der «Hackney-Gang»: Mit Ron Percival (3. von links), Henry Woolf (vorn) und B. J. Law (ganz rechts) ist er immer noch eng befreundet.

29

Büchereien und den Jugendklub, in dem man Tischtennis spielen konnte. Der beinah schwärmerische Ton, den Billington in Pinters Erinnerungen an jene Zeit heraushörte, veranlasste den Biographen, diese Phase «die goldenen Jahre» [49] zu nennen.

Viele Einzelheiten, die Pinter auch in anderen Interviews beschrieb [50], sind überraschend, weil sie das Werk in Relation zu seinen eigenen persönlichen Erfahrungen setzen. Bisher betrachtete die Kritik Pinters Stücke als eher abstrakte Konstellationen mit kalkülhaften Planspielen in hermetisch geschlossenen Räumen ohne konkrete Bezüge zur Außenwelt. Nun stellt sich heraus, dass es für die Figuren aus dem *Hausmeister* wie auch die der *Geburtstagsfeier*, der *Heimkehr* und aus *Betrogen* durchaus konkrete Vorbilder gab. In *Betrogen*, so erfuhr Billington, sei keineswegs irgendeine abstrakte Dreiecksgeschichte beschrieben, sondern Pinters sieben Jahre andauernde Affäre mit der BBC-Moderatorin Joan Bakewell recht realistisch dargestellt. Freilich dürften diese konkreteren, autobiographisch gefärbten Konturen der Ausgangssituationen kaum etwas an der vagen Mehrdeutigkeit der Stücke ändern oder gar einen fertigen Interpretationsschlüssel liefern. Immerhin werfen diese konkreten Anlässe ein Licht darauf, was den Dramatiker veranlasst, aus alltäglichen Begegnungen Theater-Szenen und -Stücke zu schaffen.

Da Pinter während dieser Jahre die Gedichte von Dylan Thomas, die Werke von James Joyce, Franz Kafka, Samuel Beckett und Dostojewskij kennen lernte und sich für die Stücke von Shakespeare und John Webster begeisterte sowie großes Interesse an den französischen Surrealisten hatte, haben ihn diese Jugendjahre, die er mit seinen Freunden von der «Hackney-Gang» verbrachte, stark geprägt. Man diskutierte stundenlang über diese literarischen oder cineastischen Neuentdeckungen. Im Roman *Die Zwerge* klingen diese Einflüsse surrealistischer Stilelemente an, auch die mitunter bedeutungsschwanger aufgeblähten Diskussionen von Mark, Len und Pete über Lyrik, Reimanns Theorie der Integrale oder über die Intellektuellen und die Massen geben diese Phase angespannter Orientierungsversuche, hitziger Debatten und existenzieller Krisen wieder.

Alle wichtigen künstlerischen Neigungen und Interessen, die ihn entscheidend prägten, hatte der junge Pinter in Hackney während seiner Schulzeit entdeckt. Hier hatte er seinen ersten großen Auftritt auf der Bühne des Schultheaters, hier entdeckte er Autoren wie James Joyce, Franz Kafka, Samuel Beckett und Dostojewskij – eigentlich alle bedeutenden Autoren, die Pinter bis heute verehrt. Damals wurde er zum Cineasten, entwickelte ein Faible für Luis Buñuel, aber auch für amerikanische Gangsterfilme. Er war Mitglied im Hackney Film Club, der regelmäßig neue französische Filme zeigte, und hielt in der Schule ein Referat über *Realismus und Post-Realismus im französischen Film.* Im Debattierklub der Schule unterstützte er die These, dass Film eine «vielversprechendere Kunstform als das Theater» sei. Diese cineastischen Interessen und Kenntnisse führten schließlich auch dazu, dass Pinter sich auf das Schreiben von Drehbüchern kaprizierte.

Da er auch sportlich sehr aktiv war, hatte er innerhalb seiner Peer Group einen gewissen Nimbus als talentierter, respektierter Allrounder. Er war nicht nur begeisterter Cricket- und Fußballspieler, sondern spielte auch gut Tischtennis und war ein schneller Läufer. Die kindliche Phase des einsamen Außenseiters, der sich in imaginierte Dialoge flüchtete, war nun endgültig vorüber. Das stark ausgeprägte Konkurrenzdenken innerhalb der Gang, das auch in *Die Zwerge* thematisiert wurde, klingt heute noch an, wenn Pinter die Rivalität mit dem ehemaligen Freund Barry Supple anspricht.

Meine eigentliche Stärke war der Sprint. Es stimmt, ich trainierte kaum, aber ich war wirklich schnell. [...] Ich glaube, deshalb habe ich auch keinen Kontakt mehr mit meinem Freund Barry Supple, den ich schon als Zwölfjähriger kannte. Als ich sechzehn war, schlug ich ihn im Lauf über zweihundert Yards und stellte einen Schulrekord auf. Er trainierte immer intensiv und war ein perfekter Stilist, während ich überhaupt keinen Stil hatte. Ich schlug ihn nur mit einem brutalen Kraftakt. Wir haben seit fünfzig Jahren kein Wort mehr miteinander gewechselt. Er hat eine große Karriere gemacht und wurde Professor in Cambridge. Aber nach diesem Rennen hat es zwischen uns nicht mehr so richtig hingehauen. Ich glaube, er hat mir nie verziehen, dass er damals verlor.[51]

Zum Ende der Schulzeit, im Herbst 1948, erhält Harold Pinter ein Stipendium der Londoner Stadtverwaltung für die renommierte Schauspielschule RADA (Royal Academy of Dramatic Art). Sein Mentor Joseph Brearley hatte ihn nach der erfolgreichen

«Macbeth»-Inszenierung und einer ebenso gelungenen «Romeo-und-Julia»-Aufführung mit Pinter als Romeo zur Schauspielkarriere ermuntert. Der befreundete BBC-Radioproduzent R. D. Smith, der als Gutachter für die Stipendienvergabe zuständig war, hatte diese Entscheidung ebenfalls befürwortet. Ein Studium an einer Universität kam für den Schulabsolventen damals nicht infrage. Pinter begründet dies damit, dass er ohne Lateinkenntnisse weder in Oxford noch in Cambridge aufgenommen worden wäre – und andere Universitäten hätte er von vornherein ausgeschlossen. Er unternahm wohl auch den Versuch, in einem Crashkurs Latein zu lernen, gab dies jedoch wegen seiner notorischen Ungeduld schnell wieder auf.

Theatralische Lehr- und Wanderjahre

Für den theaterbegeisterten Pinter hätte die im Herbst 1948 beginnende RADA-Zeit eine wunderbare, kreative Phase werden können. Hier wurden schließlich die berühmtesten britischen Schauspieler ausgebildet; die Erfolge der Royal Shakespeare Company oder anderer angesehener britischer Theaterinstitutionen wären ohne die RADA undenkbar. Doch für den eigenwilligen, aversiv auf autoritäre Oberlehrer reagierenden Pinter war diese Akademie ein Ort ewigen Missvergnügens. Die Lehrer fand er zu antiquiert, die anderen Schauspielschüler waren ihm zu versnobt, der Stoff zu verstaubt. Vielleicht spielte auch eine Rolle, dass die RADA damals noch eine Art elitäre Finishing School für Sprösslinge aus begütertem Haus war und ein Newcomer, zumal einer mit jüdischem Eastend-Hintergrund, als Fremdkörper betrachtet wurde. Jedenfalls machte er sich dort ziemlich unbeliebt. *Ich konnte den Verein einfach nicht ertragen. Voller Schwuchteln, Schöngeister und Darlings. Und die meisten Lehrer waren einfach beschissen. Die alte Kuh, die uns zuerst unterrichtete, benahm sich wie eine Hexe, führte Bewegungsabläufe vor, Sprünge und Grimassen. Mit ihrer griesgrämigen Visage und zerzaustem Haar irritierte sie alle. Es war geradezu wie bei einem mittelalterlichen Bauerntreffen, wo ein magischer Teufelstanz ums Feuer aufgeführt wird. Ich hasste sie, und sie verfasste einen Bericht, in dem sie mich als aufsässigen Unruhestifter ohne Manieren bezeichnete. Ich schwänzte dann einfach den Unterricht,* bis ich kaum noch anwesend war, *simulierte schließlich einen Nervenzusammenbruch und nahm nicht mehr am Unterricht teil.*[52]

> *Man konzentriert sich darauf, völlig weiß im Gesicht zu werden. Dann muss man sehr, sehr leise sprechen, sodass man kaum noch verstanden wird. Und sehr langsam gehen, außerdem kurz davor sein, in Tränen auszubrechen. Das klappte alles sehr gut.*
>
> Pinter über den simulierten Nervenzusammenbruch bei der RADA (IS S. 69)

Nur zwei Trimester hatte die RADA-Phase gedauert. Nun begann das bohemehafte Doppelleben des jungen Mimen. Er schwänzte den Unterricht, ließ die Eltern jedoch im Glauben, an der Schauspielschule verliefe alles optimal. Stattdessen trieb er sich mit der Gang in Hackney herum, besuchte Kinos und Kneipen oder sah sich Cricketspiele an. Sein «East End Eden», wie Billington es nennt, genoss der junge Bohemien jedenfalls in vollen Zügen. Wenn er dann abends wieder nach Hause kam, schwärmte er von den aufregenden Rollen, die er tagsüber einstudiert hatte: *Mein Horatio heute war wieder verdammt gut...*[53]

Als er im Oktober 1948 seinen Musterungsbescheid erhält, steht für Pinter fest, den Wehrdienst zu verweigern. Gerade vor dem Hintergrund des antisemitischen Klimas im Eastend und der mitunter brisanten Konfrontationen mit den faschistischen Mosley-Horden erscheint dieser Schritt schwer nachvollziehbar. War der Sieg der Alliierten über die Nazi-Truppen nicht der eindrucksvolle Beweis für die Notwendigkeit eines Wehrdienstes, um demokratische Gesellschaften vor barbarischen Invasionen zu schützen? Pinter begründete seine Kriegsdienstverweigerung mit der durch den Kalten Krieg angeheizten Gefahr eines neuen Weltkriegs, für den er sich nicht opfern wollte. Die schockierten Eltern, für die so ein Verhalten, das ja zu einer Gefängnisstrafe hätte führen können, völlig unverständlich war, konsultierten den Mentor und Freund Brearley. Der kannte Pinters Eigensinn und weigerte sich, in irgendeiner Form zu intervenieren: «Wenn er unbedingt ins Gefängnis gehen will, kann man ihn nicht daran hindern.»[54]

Pinter wird vor eine Prüfungskommission geladen, vor der er seinen zweimal abgelehnten Antrag begründen muss. Er wird zweimal bestraft, kommt jedoch mit Geldstrafen von jeweils fünfzig und fünfundsiebzig Pfund davon, die sein Vater bezahlt. War dieses Verhalten nun schon ein Indiz für sein kritisches, politisches Engagement? Aus der Retrospektive, vor allem auch im Kontext seines späteren Protests gegen die militärischen Abenteuer der US-Regierung, wird dieses Verweigerungsverhalten von ihm selbst sowie vom Biographen Michael Billington und anderen Kritikern als erste bewusste politische Protesthaltung interpretiert. Doch war es nicht wahrscheinlicher, dass die junge Boheme-Natur damals einfach keine Lust hatte, dieses «East End Eden» mit seiner geliebten Peer Group im Stich zu lassen? Eine Einberufung zum Wehrdienst hätte wohl auch die anvisierte Schauspielerkarriere infrage gestellt.

Nach der Veröffentlichung seiner Gedichte im Magazin «Poetry London» erhält Pinter von R. D. Smith, der sich ja schon für das RADA-Stipendium eingesetzt hatte, kleinere Engagements als Radiosprecher bei der BBC. Dann setzt er 1951 für zwei Semester seine Schauspielausbildung an der Londoner Central School of Speech and Drama fort – ohne Konflikte mit den äußerst kreativen und anregenden Lehrern. Sehr motiviert und energisch konzentriert sich Pinter nun auf das Studium, schreibt aber weiter Gedichte und liest viel. Hier lernt er Barry Foster kennen, mit dem er sich anfreundet. Die beiden verbindet ein starkes Faible für Theater und Lyrik, sie werden fast unzertrennlich. «Er schrieb damals viel Lyrik, die war sehr schwierig, bis man den richtigen Zugang fand und dann auf einer Wellenlänge mit ihm war. Er hatte ein so großes Talent, dass es sofort auffiel. Außerdem sah er gut aus und hatte eine wohlklingende, tiefe Stimme, die für einen Zwanzigjährigen völlig ungewöhnlich war. Er war ein wunderbarer Begleiter; wir verbrachten die Nächte in Kneipen, bis uns das Geld ausging. Dann strandeten wir meistens in der Black and White Milk Bar in der Fleet Street, die er ja in einem bekannten Sketch beschrieb.» [55]

Dies war wohl eine ausgesprochen existenzialistische Phase des jungen Künstlers. Pinter war damals, offenbar von französischen Montparnasse-Kaffeehaus-Künstlern inspiriert, mit Vorliebe ganz in Schwarz gekleidet. Er bombardierte mehrere BBC-Abteilungsleiter regelmäßig mit Job-Anfragen, trieb sich in Kneipen herum und experimentierte mit ersten Texten wie *Kullus*, in dem das für Pinter typische Usurpatoren-Thema gestaltet wird. In dem kurzen Dialogstück wird der Erzähler von Kullus und dessen Freundin aus seinem Zimmer vertrieben, kehrt jedoch zurück und wird nun von dem Mädchen willkommen geheißen.

Dann ist es ganz schnell mit dem Boheme-Dasein vorbei. Pinter reagiert im Sommer 1951 auf eine Anzeige des großen Theaterprinzipals Anew McMaster im Fachmagazin «The Stage», er trifft den Altmeister in einem schäbigen Londoner Apartment und erhält sofort ein Engagement. Damit beginnen die Lehr- und Wanderjahre in Anew McMasters legendärer Wandertheatertruppe. In seinem Aufsatz *Mac*, geschrieben vier Jahre nach dem Tod des verehrten Meisters, beschreibt Pinter das erste Treffen aus dieser Zeit mit dem beeindruckenden Theatermann.

Ich schickte ihm ein Foto und traf ihn in einer Wohnung in der Nähe von Willesden Junction. Er bot mir sechs Pfund die Woche an, sagte, dass möblierte Zimmer für höchstens fünfundzwanzig Shilling angeboten würden, und erzählte mir, wie billig die Zigaretten dort waren. Es war mein erster richtiger Bühnenjob.[56]

Mit dem Shakespeare-Spezialisten McMaster tingelt er mit einigen Unterbrechungen zwei Jahre durch Irland, spielt Horatio im «Hamlet», den Edmund in «König Lear», Cassio im «Othello». McMaster lockert den Spielplan mit Boulevardkomödien, Oscar-Wilde-Evergreens und Agatha-Christie-Thrillern auf, in denen Pinter mitspielt.

Zu den Kollegen gehören die Schauspieler Patrick Magee, Barry Foster und Kenneth Haigh, die später sehr bekannt wurden und Rollen in Pinters eigenen Stücken spielten. Seinen Freund Barry Foster, den Pinter noch von der Londoner Central School of Speech and Drama kannte, hatte er Mac während der Tour in Irland empfohlen. Und Mac hatte ihn sofort angeheuert, ohne ihn in einer Rolle gesehen zu haben. Pinter war laut Barry Foster eindeutig der beliebteste Adlatus des Meisters gewesen, den er wohl auch als Nachfolger vorgesehen hatte und dem er blind vertraute. Pinter habe eine wunderbar düstere, geheimnisvolle Ausstrahlung gehabt. Zu seinem mephistophelischen Iago habe der schwarze, im Mantel-und-Degen-Stil gehaltene Umhang perfekt gepasst: «Das war Macs Stil – es war aber auch der Stil jener Zeit.»[57] Dankbar registrierten die Schauspieler auch, dass Mac ihre Talente förderte

«Wir saßen noch lange nach Schluss der Vorstellungen in den Kneipen. Das war in Irland eben so üblich. An Markttagen fingen wir mit dem ‹Hamlet› manchmal erst um neun Uhr abends an, wenn wir das nicht getan hätten, wäre niemand gekommen. Und sie waren alle betrunken, man musste um ihre Aufmerksamkeit kämpfen! Der Vorhang bei einer ‹Hamlet›-Vorstellung fiel ungefähr um Viertel vor eins, und dann ging es in die Bar, auf einen Drink mit den Priestern und allen anderen. Pauline und Harold und ich waren immer dabei. […] Wir saßen dann da und spekulierten darüber, was aus uns werden würde. Wir dachten, wir würden nach Stratford gehen, was für uns den Gipfel des Erfolgs bedeutete. Wir ließen uns aus der Hand die Zukunft lesen, alles Mögliche unternahmen wir, nur um herauszukriegen, wie berühmt wir später werden würden.»
Barry Foster, 1951–52 Schauspielkollege von Pinter in Anew McMasters
Wandertruppe (IS S. 161)

Der Prinzipal Anew McMaster (vorne mit Hut) 1951 mit seiner Truppe nach einer Aufführung von Oscar Wildes «Lady Windermeres Fächer». Pinter steht hinten (2. v. r.).

und ihnen half, sich in großen Rollen zu bewähren. So kam Pinter auch dazu, nach kurzer Probezeit den Hamlet zu spielen, den Mac sehr lobte. Da die Truppe auch Oscar Wilde und J. B. Priestley aufführte und sogar eine Bühnenversion von Agatha Christies «Zehn kleine Negerlein» präsentierte, erwarben die Schauspieler eine große Sicherheit und verfügten über ein breites Allround-Repertoire. Zur Entdeckung wurde für Pinter der Psychothriller «Rope» von Patrick Hamilton. Darin beschließen die Oxford-Studenten Brandon und Granillo, einen Bekannten zu ermorden – aus reiner Chuzpe, nur um zu demonstrieren, dass das Undenkbare möglich ist. Pinter spielte den aggressiven, dominanten Brandon, während Patrick Magee den zittrigen, leicht hysterischen Granillo gab. Dieses ungleiche Duo erinnert an das bedrohliche, mysteriöse Paar Goldberg und McCann in der *Geburtstagsfeier*. Pinter war begeistert von diesem Thriller und schwärmte in Briefen an seine Freunde über dieses *geniale* und *subtile* Stück.

Eine perfektere, umfassendere Grundausbildung war trotz der meist miserablen Spielbedingungen in trostlosen Provinztheatern oder heruntergekommenen Kinos kaum denkbar. Dieses Bühnen-Know-how floss später beim Schreiben direkt in seine Stücke ein. Das Gespür für richtiges Timing, für die berühmten, wirkungsvollen Pinter-Pausen, für passende Bewegungsabläufe – all dies hat Pinter damals in der harten Alltagspraxis bei diesem mit großartigem Humor gesegneten charismatischen Prinzipal entwickelt. Zu einer Zeit, da das Theater mit dem Kino um die Gunst der Zuschauer konkurrierte, mussten die Schauspieler über eine starke Bühnenpräsenz verfügen, um sich bei diesem bäuerlich-trinkfesten, auf handfestes Amüsement erpichten Publikum überhaupt Gehör verschaffen zu können.

Der Business Manager Joe Nolan erschien eines Tages und meinte: Mac, in Limerick wird in allen Kinos gestreikt, was soll ich machen? Limerick buchen! Sofort! Sagte Mac. Wir spielen dort ab Montag. Es gab aber kein Theater in der Stadt. Wir fingen dann tatsächlich am Montag mit Othello an – in einem Kino mit zweitausend Sitzplätzen. Es gab keine Hauptbühne und keine Nebenräume. Es war abends am St. Patrick Day. Der Vorhang sollte um neun Uhr hochgehen, aber das Haus war erst um halb zwölf voll besetzt. Also fingen wir dann erst an. Die Vorstellung war lange nach zwei Uhr früh beendet; jeder der zweitausend Zuschauer war betrunken. Abgesehen davon konnten sie mit Shakespeare überhaupt nichts anfangen. In der ersten Hälfte, bis zu «Ich bin immer der deine», konnten wir uns selbst nicht hören und verpassten daher auch unsere Stichworte. Die Schauspieler waren eingeschüchtert. Wir erwarteten, dass die Zuschauer jeden Augenblick die Bühne stürmen würden, und hielten unsere Schwerter griffbereit. Damals spielte ich Iago, trat mit Mac zur Pause von der Bühne ab und holte erst mal tief Luft. «Keine Sorge», meinte Mac, «keine Sorge!» Nach der Pause drehte er auf. Als er dann seinen Auftritt hatte für die «Nackt-im-Bett-Iago»-Szene, war sein riesiger Körper vornübergebeugt, seine Stimme leise und rau und das Publikum mucksmäuschenstill. Er riss alle mit, machte das Stück zu seiner eigenen Herzensangelegenheit. Bis schließlich bei «Es war der Fehltritt des Mondes» die Zuschauer wieder stocknüchtern waren. Ich beglückwünschte Mac. «Nicht schlecht, was?», sagte er. «Nicht schlecht.» Er war ein großartiger Schauspieler, und wir, die wir mit ihm arbeiteten, waren die glücklichsten Menschen der Welt und liebten ihn.[58]

In seiner Hommage zeichnet Pinter das Bild eines Theater-Monomanen mit menschlichen Zügen und einem sympathischen Sinn für Humor. Er berichtet etwa, wie Mac mit seiner Wandertruppe im Auto über die Dörfer fährt, an einem Misthaufen stecken bleibt und, als eine Kuh den Kopf durch die Seitenscheibe schiebt, ruft: «Heute gibt es aber keine Autogramme!» [59]

Das unstete Umherziehen, das improvisierte Herrichten einer Bühne, die Kostüme, die aus Körben zusammengeklaubt werden, das Rollenlernen zwischen den Proben, dann die nächtlichen Aufführungen, meist vor ausverkauften Häusern – all dies beschreibt Pinter mit der Akribie eines immer noch Begeisterten, der kein Detail auslassen möchte. Er schließt mit dem Fazit: *Irland in jenen Tagen war zwar nicht immer golden, aber manchmal schon. Die 50er Jahre waren, alles zusammengenommen, für mich und für andere ein goldenes Zeitalter.* [60]

Auf alten Fotos aus dieser Zeit kann man diese Wilhelm-Meister-Romantik des fahrenden Volkes nachempfinden. Da posieren auf einem Bild im Vordergrund die Schauspieler vor den typischen, aus Steinen aufgeschichteten Mauern, während im Hintergrund

Theatralische Lehr- und Wanderjahre: Mit Macs Schauspieltruppe tingelt Pinter (ganz links) durch Irland.

die von Pferden gezogenen Planwagen stehen. Während dieser irischen Phase hatte Pinter eine heftige Liebesaffäre mit der attraktiven Kollegin Pauline Flanagan, die oft zusammen mit ihm auf der Bühne stand. Im «Kaufmann von Venedig» spielte sie die Portia, er den Bassanio, in Oscar Wildes «Lady Windermeres Fächer» war sie Mrs. Erlynne, er spielte den Lord Windermere. Sie werden ein Paar, proben und spielen und lesen zusammen Gedichte des irischen Dichters William Butler Yeats. «Er war wie besessen von Yeats, ich glaube, seine Gedichte haben ihn stark beeinflusst. Er las damals auch T. S. Eliot und trug das ‹Waste Land› laut vor.»[61]

Wie stark sich die irischen Eindrücke einprägten, wie sehr sich Pinter zu dieser Zeit als Lyriker empfand, zeigen Gedichte wie das 1951 verfasste, romantisierende *Islands of Aran seen from the Moher Cliffs*[62], in dem er die drei Aran-Inseln mit schwarzen Walen vergleicht, die sich gegen das heranstürmende Meer behaupten. Er stand damals täglich auf der Bühne und war begeistert von Mac und seiner wunderbaren Truppe. Ein eigenes Stück zu schreiben kam ihm noch nicht in den Sinn. Aber er hatte eine großartige Entdeckung gemacht, die ihm die Wonnen hochartifizieller Prosa

Goldene Jahre: Pinter (r.) mit Barry Foster und Pauline Flanagan

nahe brachte – im Magazin «Poetry Ireland» las er zufällig Passagen aus Becketts «Watt»-Fragment und war begeistert. *Ich war elektrisiert, fuhr nach London zurück, aber weder in den Bibliotheken noch in Buchläden hatte jemand von Beckett gehört.*[63] Nach einigen Wochen hatte er ein Exemplar von «Murphy» entdeckt, das er aus der Bücherei in Battersea entwendete: *Das habe ich heute noch. Ich hatte den Eindruck, seine Literatur hatte den Effekt, dass man durch einen Spiegel zur anderen Seite der Welt lief, wo die wahre, wirkliche Welt war ... Außerdem war das Buch sehr komisch ... Es zeigte Becketts eigene Welt, hatte aber viele Verweise auf die Welt, die wir alle miteinander teilen.*[64]

«Pinter ‹entlieh› einmal Becketts Roman ‹Murphy› aus der Öffentlichen, Bücherei in Hoxton ohne einen Beleg. Wir bedrängten ihn danach mit Fragen wie: ‹Was hast du da unter der Jacke? Du hast ein Buch aus der Bücherei geklaut, nicht wahr? Hast du an all die Klofrauen gedacht, die jetzt keinen Beckett mehr lesen können?› Selbst als er – es war 1947 – darauf hinwies, dass dieser Band seit 1939 nicht mehr ausgeliehen war, kochten wir vor Empörung.»

Der Jugendfreund Henry Woolf (IS S. 127)

Neuanfang als David Baron

Nach seiner Rückkehr nach London Anfang 1953 bewarb sich Pinter beim berühmten Donald Wolfit, den er bereits als Schüler in der Rolle des König Lear so bewundert hatte. Er erhält zwar ein Engagement bei Wolfits Shakespeare-Truppe, bekommt aber nur kleinere Rollen wie den Jaques de Boys in «Wie es euch gefällt» und hat bald Probleme mit dem autoritären Patriarchen, der im Unterschied zu Mac wesentlich rechthaberischer und unnachgiebiger ist. Wolfit hatte auch kaum ein Interesse daran, talentierte Schauspieler zu fördern, er wollte am liebsten ganz allein im Rampenlicht stehen und bejubelt werden. Der große Mime besaß allerdings die Fähigkeit, sein Charisma mit langen Pausen, theatralischen Auftritten und beeindruckenden Gesten zur maximalen Wirkung zu bringen und damit das Publikum zu begeistern. Auch Pinter war von solchen Highlights fasziniert. Doch sein Vertrag wurde nicht verlängert, er schied schon nach einer Spielzeit im Frühjahr 1953 wieder aus Wolfits Truppe aus. Während der Klassiker-Saison im Kings Theatre, Hammersmith, begegnete Pinter auch zum ersten Mal der Schauspielerin Vivien Merchant, die neben ihm in kleineren Rollen auftrat. Bis zum Sommer 1954 hielt sich Pinter nun mit Gelegenheitsjobs als Tellerwäscher, Vertreter, fliegender Händler oder als Kellner im National Liberal Club über Wasser. Hier wurde er bald wieder gefeuert, weil er sich anmaßte, mit Klubmitgliedern über Lyrik zu diskutieren. Er konnte zwar in McMasters Ensemble kurzfristig eine Rolle für ein Londoner Gastspiel übernehmen, doch dann musste er wieder als Rausschmeißer, Vertreter oder Türsteher jobben. Es war sicher keine «Down-and-Out»-Periode, wie George Orwell sie mit Gestrauchelten und Obdachlosen in London und Paris verbrachte. Aber er entwickelte jetzt ein großes Gespür für den Jargon von Randexistenzen und registrierte genau, mit welchen Ausweichmanövern sie versuchten, ihre Schwächen zu kaschieren oder sich mit obskuren Begründungen Vorteile zu verschaffen. In den frühen Einaktern und Revue-Sketchen *Trouble in the Works*, *The Black and White, Last to Go* und *Applicant* sind die Beobachtungen und Erfahrungen aus dieser Phase festgehalten. Nicht nur das feine Gehör für verbalstrategische Finessen, Nonsequiturs und redundante Endlosschleifen hatte Pinter damals entwickelt. Er registriert auch akribisch die Fach-Termini für technische Geräte und unauffällige Alltagsgegenstände. Astons Exkurse im *Hausmeister* über die Vorzüge und Eigenarten verschiedener Sägen, Schrauben und Stecker oder Micks eloquente Eloge über taubenblaue, kupferrote und pergamentfarbene Linoleumfliesen und einen Tisch aus Afromosaik-Teak-Furnier, die direkt aus einem Möbelhaus-Werbeprospekt zu stammen scheinen, liefern hierfür die besten Beispiele. Schon im 1959 produzierten Sketch *Trouble in the Works* beschwört Pinter mit einer ähnlich lyrischen Inbrunst die Faszination so exotischer Artikel wie *high speed taper shank spiral flutes, vertical mechanical comparators, internal fan washers oder von straight flange pump connectors und bronzedraw off cock with handwheel*.[65] Im Dialog zwischen Mr. Wills und Mr. Fibbs wird die Unzufriedenheit der Arbeiter mit diesen Geräten besprochen, die zwar nicht existieren, aber aufgrund ihrer blumigen Bezeichnungen für komische Effekte sorgen. Dieser pintereske Technik-Jargon der Warenwelt, der banale Alltagsobjekte mit eigenständigem Leben zu erfüllen scheint, war in dieser Form bis dahin noch nie auf den Bühnen zu hören gewesen.

Da ihm bis zu dieser kritischen Umbruchphase von 1953 / 54 als Harold Pinter keine große Bühnenkarriere vergönnt war, legt sich der arbeitslose Schauspieler, vom Mädchennamen der Großmutter Fanny Baron angeregt, den Künstlernamen David Baron zu und spielt in Repertoire-Theatern in der Provinz. Er konnte nicht allzu wählerisch sein und übernahm ab Juni 1954 in der Whitby Spa Rep Company Rollen in Farcen, Agatha-Christie-Thrillern und Boulevardkomödien. In der Komödie «A Horse! A Horse!» musste er als Regieassistent dafür sorgen, dass die Ohren eines Holzpferdes möglichst echt aussahen, und es mit Hilfe seiner eigenen Stimme sogar zum Sprechen bringen. Zwischen Eastbourne und Colchester, Huddersfield, Birmingham, Bournemouth und Torquay spielte er komische Helden, Salonlöwen und Verbrecher, aber auch den Cliff in Osbornes «Blick zurück im Zorn» sowie den Rochester in einer «Jane-Eyre»-Bühnenversion. Die rigorose Arbeitsdisziplin, die Pinter immer auszeichnete, stammt sicher aus jener Zeit, als er neben den abendlichen Bühnenauftritten noch neue Rollen lernte und trotzdem weiter Gedichte schrieb. Nun trifft er auch Vivien Merchant wieder, die in der «Jane-Eyre»-Inszenierung in Bournemouth die Hauptrolle spielte. Sie machte aber auf Pinter immer noch keinen großen Eindruck. Die damals schon bekannte, sehr attraktive Vivien Merchant soll sich beim Regisseur Guy Vaesen sogar über sein schlechtes Benehmen beklagt und seine Entlassung verlangt haben. Da Vaesen jedoch nicht auf ihre Forderung einging, verließ sie vorübergehend das Ensemble, spielte aber bald darauf wieder mit, und zwar in einer Inszenierung von Noel Cowards «South Sea Bubble», in der auch Pinter eine Rolle hatte. Nun verliebten sie sich ineinander und heirateten im September 1956 in Bournemouth, gleich nach dem Ende der Spielzeit.

Pinter hatte, inzwischen fast sechsundzwanzig Jahre alt, seine Eltern nicht um Rat gefragt, sondern sie vor vollendete Tatsachen gestellt. *Ich habe sie einfach geheiratet, basta. Ich beantragte das Aufgebot auf dem Standesamt, hatte aber nicht daran gedacht, dass der Termin ausgerechnet am Yom Kippur stattfand. Ich rief meine Eltern an, informierte sie über die Heirat, und dann gab es ziemlich viele Irritationen. Nicht nur, weil ich eine Nichtjüdin heiratete, sondern weil dies auch noch am Feiertag Yom Kippur geschah. [...] Aber damit musste ich eben leben.*[66]

Vivien Merchant, 1929 in Manchester als Ada Thompson geboren, war die Tochter eines begüterten Geschäftsmannes. Sie begann ihre Bühnenkarriere schon als Dreizehnjährige, als sie in London Ballett- und Sprechunterricht nahm und beim Theater-Impresario Harry Hanson vorsprach, der auf der Suche nach Kinderstars war. Das ehrgeizige Mädchen legte sich den Künstlernamen Vivien Merchant zu, eine Zusammensetzung von «Vivien Leigh» und «Merchant Navy» (Handelsmarine), bei der ihr Bruder damals arbeitete. Sie tanzte als Fünfzehnjährige in einer Noel-Coward-Revue, spielte als Sechzehnjährige in Wolfits Shakespeare-Truppe und hatte mit einundzwanzig Jahren schon wichtige Stufen auf der Karriereleiter erreicht. Vivien Merchant hatte aber nur sporadisch die Schule besucht und war schnell verunsichert, wenn anspruchsvolle intellektuelle Themen diskutiert wurden. Dieses Handicap wirkte sich später fatal auf ihre Beziehung aus, als Pinter

Sie spielte fast jede Frauenrolle in Pinters Stücken: Vivien Merchant

zum erfolgreichen Dramatiker avanciert war und mit Freunden oder Kritikern über seine Stücke oder spezifische kunsttheoretische Aspekte diskutierte. Über das Scheitern dieser 1977 geschiedenen Ehe wurde in englischen Klatschblättern viel geschrieben. Pinters sieben Jahre andauernde Affäre (von 1962–69) mit der TV-Moderatorin Joan Bakewell, die er im Stück *Betrogen* aufarbeitete, sowie die Beziehung zur prominenten Bestseller-Autorin historischer Biographien Lady Antonia Fraser, die 1980 seine zweite Ehefrau wurde, hatten die Konflikte sicher noch potenziert. Diese ungleiche Konstellation vom aufstrebenden Schauspieler, Lyriker, Dramatiker und schließlich auch Drehbuchschreiber und der bekannten Schauspielerin war zwar nicht so spektakulär wie die des Traumpaars Arthur Miller und Marilyn Monroe, sie lieferte jedoch eine Menge Reibungspunkte. Zumal Vivien Merchant ziemlich besitzergreifend war, mit dem für Pinter so wichtigen Cricket und mit Intellektuellendiskussionen nichts zu tun haben wollte und das Talent besaß, mit gezielten Provokationen und gedankenlosen Phrasen selbst die treuesten Freunde zu vergraulen. Mit ihren beeindruckenden Auftritten in Pinters Stücken, TV-Produktionen und Filmen – vor allem in *Der Liebhaber*, *Die Heimkehr* und *Alte Zeiten* – hatte sich Vivien Merchant jedoch in die erste Liga britischer Aktricen gespielt. Sie übernahm zwar wie selbstverständlich in fast jeder Neuinszenierung seiner Stücke die weibliche Hauptrolle, doch Pinter behauptete stets, beim Schreiben der Stücke und bei der Gestaltung der weiblichen Rollen nie an seine Frau gedacht zu haben.

Noch bis 1959, also nach den Aufführungen seiner ersten Stücke *Das Zimmer*, *Der stumme Diener* und *Die Geburtstagsfeier*, tingelte Pinter als David Baron durch Torquay, Worthing, Whitby, Birmingham, Colchester, Huddersfield, spielte in Farcen wie «Doctor in the House», trat aber auch in «Alle meine Söhne» und in John Osbornes «Epitaph for George Dillon» auf. Während Pinter als David Baron meistens Nebenrollen übernahm, spielte Vivien Merchant als etabliertere Aktrice bereits größere Parts. Neben Gedichten schrieb Pinter während dieser Zeit die Prosatexte *Kullus* und *The Examination*, in denen es um Usurpatoren geht, die Räume und Schutzzonen annektieren und deren Bewohner vertreiben wollen – es ist das Leitmotiv, das in fast allen Stücken thematisiert wird. Diese experimentellen Texte werden jedoch erst einige Jahre später veröffentlicht. Außerdem arbeitet er weiter an *Die Zwerge*, seinem Porträt des Künstlers als junger Hackney-Held. Diesen Text hielt Pinter für lange Zeit missraten, ließ ihn erst 1990 in einer geänderten Version veröffentlichen und fertigte daraus eine Hörspielversion, die im Dezember 1960 von der BBC gesendet wurde. Vom Dramatiker Harold Pinter konnte man erst nach dem Frühjahr 1957 sprechen. Damals stand er noch als David Baron im Badeort Torquay in Terence Rattigans «An Einzeltischen auf der Bühne». Und dann verfasste er innerhalb weniger Tage sein erstes Theaterstück.

Zimmer ohne Perspektive

Dieses Stück, den Einakter *Das Zimmer*, hatte Pinter aufgrund einer Anregung seines Freundes Henry Woolf verfasst. Den Kontakt zu ihm hatte Pinter auch während seiner irischen Wanderjahre und der Bühnenauftritte als David Baron aufrechterhalten. Woolf studierte an der Theaterabteilung der Universität Bristol und wollte im Frühjahr 1957 mit einigen Kommilitonen ein Stück inszenieren. Pinter dazu: *Er wusste, dass ich eine Idee für ein Stück hatte, aber ich hatte noch nichts geschrieben. Ich spielte damals im Repertoire-Theater, und er sagte, er brauche das Stück in einer Woche, um alles rechtzeitig organisieren zu können. Ich meinte nur, das wäre lächerlich, er könnte es frühestens in sechs Monaten haben. Und dann schrieb ich es in vier Tagen.*[67]

Wie kam Pinter auf dieses klaustrophobe Ambiente eines düsteren Zimmers, in dem die sechzigjährige Rose Hudd mit ihrem fünfzigjährigen Mann Bert haust? Aufschlussreich ist, wie er die Ausgangssituation eines statischen Bildes variiert und mit Dialogstrukturen zum Leben erweckt, die einem Verwirrspiel gleichkommen, in dem jede Aussage infrage gestellt werden kann. Da die Figuren kein Vorleben zu besitzen scheinen und ihre Motive völlig unklar sind, kann der Zuschauer eigentlich nur über ihre Absichten oder über ihre Vergangenheit spekulieren.

Der Blick zurück auf die Ausgangssituation, die ihn zu dem Stück inspirierte, zeigt, dass Pinter stärker am Ausmalen, Entwickeln und Retuschieren eines Bildes interessiert ist als an der Analyse von Handlungsstrukturen oder an einem nach klassischem Muster aufgebauten Drama mit einer elaborierten Exposition und einer zur Lösung führenden Klimax. Das einfache Bild, das Pinter visualisierte und ausmalte, entstand schon 1955, als ihn eine Schauspielkollegin nach Chelsea zu einer Party in ein großes Haus eingeladen hatte. Sie zeigte ihm in einem separaten Zimmer *einen barfüßigen kleinen Mann mit merkwürdig gefärbtem Haar und wehenden Kleidern, der bei einer Tasse Tee sofort über Philosophie, Literatur, das Wetter, Porzellan und Stoffe zu diskutieren begann. Und während dieser Zeit saß an einem Tisch ein riesiger Mann, der eine Mütze auf dem Kopf hatte und einen Comicstrip las. Der Kleine tanzte herum, machte Butterbrote, schenkte Tee ein und briet Eier mit Speck für den großen Mann, der die ganze Zeit keinen einzigen Ton von sich gab.*[68]

Aus dem ungleichen Männer-Duo hat Pinter in *Das Zimmer* das Ehepaar Rose und Bert Hudd gemacht. Rose hantiert am Herd, brät ihrem Mann Eier mit Speck, bereitet Tee zu und schwatzt unentwegt auf Bert ein, der sich hinter einer Zeitung verkriecht und das Geplapper unkommentiert an sich abprallen lässt. Draußen pfeift ein eisiger Wind, mit der warmen Mahlzeit soll Bert sich stärken und wappnen gegen die feindselige Außenwelt, in die sie sich schon länger nicht mehr hinausgewagt hat. Zum Szenario einer bedrohlichen Außenwelt, das Rose mit ihrem Geplapper evoziert, gehört auch der Keller, der ihr unheimlich erscheint. Bert will trotz vereister Straßen noch eine Fahrt mit seinem Lieferwagen machen, was Rose zwar unvernünftig findet, aber doch akzeptiert. Dann erscheint der Vermieter Mr. Kidd. Er spricht mit Rose über seine Mutter und die verstorbene Schwester, doch ohne konkrete Details und so vage, dass Rose nach Kidds Abgang erklärt, er habe nie eine Schwester gehabt.

Roses Fragen weicht er aus. Weder weiß er, wie viele Stockwerke es im Haus gibt, noch will er sich über die Anzahl der Mieter äußern. Nachdem Bert die Wohnung verlassen hat, erscheint das Ehepaar Sands, das sich nach einer freien Wohnung erkundigt – die Wohnung Nummer sieben, die der Hudds, soll nämlich zu vermieten sein. Dann kehrt der aufgeregte Mr. Kidd zurück, um das Erscheinen eines Mannes aus dem Keller anzukündigen, der unbedingt Rose sprechen möchte.

«Ich finde Harolds Werke überhaupt nicht rätselhaft: Man muss doch nur in einem Londoner Bus sitzen, um zu begreifen, dass die Konversation rätselhaft ist, weil man verpasst hat, worüber die anderen bei der letzten Haltestelle sprachen. So verlaufen doch richtige Unterhaltungen. Ich merkte einfach, hier spricht jemand genau, wie es wir tun. Wenn etwas bedeutungsvoll ist, dann deswegen, weil eine Figur sich vorher über etwas Gedanken gemacht hat. Und als guter Schauspieler muss man das eben in eine Bühnenfigur hineinlegen können. Das stammt alles nur von der Bühnenfigur.»
Schauspielerin Susan Engel, die 1957 in der Bristoler Uraufführung in *Das Zimmer* die Rose spielte (IS S. 172)

Der Mann steht schließlich in der Tür, es ist ein blinder Schwarzer, der sich als Riley vorstellt und die Botschaft überbringt: *Dein Vater möchte, dass du nach Hause kommst.*[69] Schließlich nennt er sie Sal und fordert sie auf, nach Hause zu kommen. Als Rose die Namensverwechslungen und Missverständnisse aufklären will und dabei den Blinden mit ihren Händen an den Augen und an der Schläfe berührt, kehrt Bert plötzlich von seiner Fahrt im Lieferwagen zurück. Er beobachtet Rose beim Berühren des Mannes und erschlägt ihn schließlich. Am Ende steht Rose verstört im Zimmer und klagt: *Ich kann nicht sehen.*

Abgesehen von der fast parodistisch wirkenden Symbolfigur am Schluss, die direkt aus einem Film von Jacques Prévert zu stammen scheint, den Pinter sehr schätzte, ist hier schon die Technik entwickelt, die auch für spätere Stücke kennzeichnend ist. Zur nebulösen Figurenzeichnung gesellt sich eine paradoxe Kommunikation mit verschleiernden Verbalstrategien und konterkarierenden Ausweichmanövern, die das Verifizieren von Namen oder Fakten unmöglich macht. Der Kritiker John Russell Taylor sprach daher von «Pinters Technik, alles in Zweifel zu ziehen».[70] Das Leben außerhalb dieses Wärme spendenden Kokons bleibt völlig ausgeblendet: Diese Figuren haben keine Vorgeschichte, sie leben nur im Hier und Jetzt, bewegen sich in einem ahistorischen Vakuum und reagieren in ihrem Mikrokosmos situationsbezogen nach einem Stimulus-Respons-Prinzip. Wie in einem Laborversuch scheint Pinter ein Experiment vorzuführen, das demonstrieren soll, wie Menschen reagieren, wenn Besucher in ihr Refugium eindringen und sie bedrohen. Da diese Figuren fast wie bei einem Schachspiel die taktischen Manöver ihrer Gegenspieler antizipieren und darauf reagieren, ergibt sich ein Rollenverhalten, das keine konstanten Verhaltensmuster erkennen lässt. Abhängig von den Verbalstrategien und angedeuteten Absichten des jeweiligen Gegenübers, wird eine Aussage oft relativiert und abgeschwächt, um sich keine Blöße zu geben. Die Message lautet: Ich habe ein Zimmer, also bin ich. In diesem Einakter projiziert Pinter aus der Sicht verunsicherter, labiler Figuren eine Perspektive, der eine problematische Bewältigung der Realität zugrunde liegt und die jede Form der Kommunikation als eine Art sozialdarwinistisches Powerplay interpretiert. Für den spezifischen Pinter-Effekt sor-

gen außerdem redundante rhetorische Schleifen und Ausweichmanöver, die selbst banale Fragen unbeantwortet lassen und für
komische Effekte sorgen, die man in dieser Form noch nie auf
der Bühne erlebt hatte. Trotz der verhärmten Figuren und eines
ärmlichen Wohnküchen-Ambientes werden wir hier jedoch weder mit einem sozialkritischen «Kitchen-Sink»-Melodram im Stil
von Arnold Weskers «Die Küche» konfrontiert noch mit einem
Godot-Verschnitt, in dem die Figuren in fatalistischer Resignation
etwa auf einen erlösenden Messias warten. Es gibt auch keinen
Protestschrei gegen saturierte Spießer und ein verkrustetes Establishment – es war eine völlig neue Stimme, die sich hier zu Wort
meldete. Susan Engel, die damals als neunzehnjährige Studentin in
der Bristoler Aufführung die Rose spielte, erinnert sich: «Für uns
war das eine phantastische Erfahrung, weil wir bis dahin noch nie
so einen Text gesehen hatten. Wir waren ja keine professionellen
Schauspieler. Wir waren Studenten, und was wir damals über
Dramen wussten, beschränkte sich auf Giraudoux und Anouilh.
Daher war *Das Zimmer* auch anders als alles, was wir bis dahin
kennen gelernt hatten. Aber abgesehen von den Studenten, die das
Stück großartig fanden, und einigen Afficionados, die große Augen
bekamen, waren die Akademiker in Bristol nicht erbaut. […] Dann
spielten wir es jedoch nochmal für das Studententheater-Festival,
und nun meinten sämtliche Professoren der Universität […] und
die Theaterleute: Oh, wie faszinierend.»[71]

Nach dem Achtungserfolg beschloss das Bristoler Old Vic
Theatre, die Inszenierung im Dezember 1957 bei einem Stu-
dententheater-Festival zu zeigen. Der bekannte «Sunday-Times»-
Kritiker Harold Hobson, der gleichzeitig Jurymitglied des Wettbe-
werbs war, sah diese Vorstellung und schrieb eine positive Kritik.
So wurde der Londoner Theaterproduzent Michael Codron auf
Pinter aufmerksam und bat ihn, ihm ein neues Stück anzubieten.
Dieses Stück war *Die Geburtstagsfeier*, das Pinter sofort nach der Inszenierung seines ersten Stückes angefangen hatte. Er hatte sich
nämlich in Bristol *Das Zimmer* angesehen und war davon begeistert. Außerdem fühlte er sich durch den Schreibprozess und die
Umsetzung des Textes auf der Bühne so ermutigt, dass er sofort das
nächste Stück in Angriff genommen hatte. Kurz darauf verfasste er
auch den nächsten Einakter, *Der stumme Diener*. Offenbar hatte Pin-

ter jetzt gespürt, dass er als Dramatiker mehr bewegen und erfolgreicher sein konnte als mit der Lyrik oder mit seinen Auftritten als David Baron. Dennoch musste er vorerst weiter als Schauspieler arbeiten. Zu dieser Zeit, um die Jahreswende 1957 / 58, lebte Pinter mit Vivien Merchant in ärmlichen Verhältnissen in einer heruntergekommenen, feuchten Kellerwohnung in Notting Hill Gate. *Wir lebten mietfrei, mussten uns aber um die Wäsche kümmern, und ich bediente den Heizkessel – eigentlich waren wir das Hausmeisterpaar.*[72] Als nach Vivien Merchants quälender, schmerzhafter Schwangerschaft der Sohn Daniel im Januar 1958 geboren wurde, war ein Umzug in eine kinderfreundliche Umgebung dringend nötig. Doch dem Paar fehlte das dafür nötige Finanzpolster. Pinter hatte zwar eine komfortablere Wohnung in der Chiswick High Road ausfindig gemacht, die erforderliche Kaution von hundert Pfund konnte er jedoch nicht aufbringen. Freunde liehen ihm schließlich das Geld, außerdem übernahm der Theatermann Michael Codron für fünfzig Pfund eine Option für die *Geburtstagsfeier*. Das Brot der frühen Jahre musste in dieser Umbruchphase zwischen Schauspielerei und Schreiben wirklich mühsam verdient werden. Als Vivien Merchant sich von der schweren Geburt erholt hatte, nahm sie wieder Engagements an. Entweder spielte Pinter damals den Kurier mit aufgewärmten Milchflaschen, um das Baby während ihrer Vorstellungen zu füttern, oder sie nahm den Kleinen mit ins Theater, wo er hinter der Bühne versorgt wurde. «Einmal schrie das Baby während einer Vorstellung so laut, dass die Aufführung für zehn Minuten unterbrochen werden musste, während ich ihm Milch gab – aber so war das damals eben.»[73]

Selten hat es eine so turbulente, zwischen beachtlichem Anfangserfolg und spektakulärem Flop schwankende Aufführungsgeschichte gegeben wie die der *Geburtstagsfeier* im Frühjahr 1958. Codron beauftragte den jungen, extrem begabten Peter Wood mit der Regie. Die Proben begannen im April, dann folgte eine Tour durch die Provinz mit Vorstellungen in Oxford, Wolverhampton und Cambridge. Diese Testläufe, die ja heute auch noch üblich sind, verliefen positiv. In der «Cambridge Daily News» war zu lesen: «Die starken Ovationen bei der Premiere zeigten, dass das Publikum dieses Stück schätzte, obwohl es auch etliche Rätsel aufgab.»[74] Und in Oxford, wo das Stück in der dritten Woche gezeigt wurde, sah die «Oxford Mail» Einflüsse von Hemingway, T. S. Eliot und Kafka und urteilte: «Brillant, überraschend, verblüffend – fast wie bei Kafka, mit Humor gewürzt.» [75]

Und im Mai dann das Londoner Fiasko, die vernichtenden Kritiken, die nur einwöchige Laufzeit im Lyric Theatre, Hammersmith. Pinter sah sich eine Matinee-Vorstellung an einem Donnerstag an und konnte sich noch viele Jahre später an dieses Trauerspiel genau erinnern. *Ich kam einige Minuten zu spät, die Vorstellung hatte schon begonnen. Ich rannte also die Treppen hoch zum Rang, wo mich eine Platzanweiserin anhielt. «Wo wollen Sie hin?», fragte sie. «In den Rang, ich bin der Autor.» Ihre Augen, das weiß ich noch genau, bekamen einen feuchten Schimmer. «Oh je, wirklich?», meinte sie. «Sie Ärmster. Sehen Sie, der Rang ist zwar gesperrt, aber gehen Sie ruhig rein, setzen Sie sich hin, Darling, wenn Sie möchten.» Ich betrat also den leeren Rang und sah hinunter ins Parkett. Sechs Zuschauer sahen sich da eine Vorstellung an, die, das muss ich zugeben, nicht gerade elektrisierend wirkte. Ich habe immer noch die Quittung für die Gesamteinnahmen dieser Woche. Der Kartenverkauf für diese Donnerstags-Matinee hatte genau zwei Pfund und sechs Shilling eingebracht.* [76]

Diese Quittung über Wocheneinnahmen von insgesamt zweihundertsechzig Pfund, elf Shilling und fünf Pence hatte Pinter später, als aus dem *Geburtstagsfeier*-Fiasko

LYRIC THEATRE, HAMMERSMITH

Play *The Birthday Party* Week ending *May 24. 1958*

WEEKLY SUMMARY

	£	s.	d.
MONDAY EVENING PERFORMANCE ...	140	19	6
TUESDAY EVENING PERFORMANCE ...	16	14	3
WEDNESDAY EVENING PERFORMANCE ...	13	8	6
THURSDAY MATINEE PERFORMANCE ...	2	9	–
THURSDAY EVENING PERFORMANCE ...	14	15	9
FRIDAY EVENING PERFORMANCE ...	17	8	9
SATURDAY MATINEE PERFORMANCE ...	14	2	2
SATURDAY EVENING PERFORMANCE ...	40	13	6
TOTAL £	260	11	5

Box Office Manager

Zweihundertsechzig Pfund, elf Shilling, fünf Pence: Abrechnung über die Gesamteinnahmen für die einwöchige Aufführungszeit des «Geburtstagsfeier»-Flops am Lyric Theatre

längst eine spektakuläre Erfolgsgeschichte geworden war, in seiner prächtigen Nash-Villa am Regents Park wie eine Siegestrophäe eingerahmt in der Toilette aufgehängt.

In den damals erschienenen Verrissen mokierten sich die Kritiker meist über das Verwirrspiel, das Pinter mit diffusen Andeutungen oder sich widersprechenden Angaben über seine Figuren betrieb. Im «Manchester Guardian» hieß es damals: «Was das alles bedeuten soll, weiß nur Mr. Pinter, denn seine Figuren sprechen Nonsequiturs, produzieren unausgegorenes Geschwätz und das Gelalle von Irren.»[77] Und im «Daily Telegraph» spendete man dem angeblich deprimierten Liegestuhlvermieter Petey, der zusammen mit Meg die Pension betreibt, großmütig Trost: «Ich kann ihn aufmuntern. Er hätte ja auch Kritiker sein können, dazu verdammt, sich Stücke wie dieses ansehen zu müssen.»[78] Als dann Harold Hobsons verständnisvolle, begeisterte Kritik in der «Sunday Times» erschien, war es zu spät, um das irritierte Publikum noch umzustimmen. Denn da war Pinters Verwirrspiel bereits vom Spielplan des Lyric Theatre abgesetzt worden. Hobson hatte geschrieben: «Es gibt etwas in unserer Vergangenheit – es spielt keine Rolle, was –, das einen immer wieder einholt. Selbst wenn man sich ans Ende der Welt verkriecht und sich im hintersten Winkel der unbeliebtesten Stadt versteckt, ist es möglich, dass eines Tages zwei Männer erscheinen. Sie werden einen suchen, und man kann nicht entkommen. Und irgendjemand wird auch sie suchen. Der Terror ist überall.»[79]

Das Pinter-Enigma bietet Interpreten der *Geburtstagsfeier* ein besonders reiches Betätigungsfeld, da die Vorgeschichte der Hauptfigur Stanley ebenso diffus bleibt wie der Hintergrund des dubiosen jüdisch-irischen Duos Goldberg und McCann. Stanley Webber, laut eigener Aussage ehemaliger Pianist, hat sich als Pensionsgast in der von Meg und ihrem Mann Petey, einem Liegestuhlvermieter, betriebenen Pension in einem Seebad einquartiert. Von der ebenso einfältigen wie überprotektiv-liebesbedürftigen Meg wird Stanley verwöhnt und verhätschelt; sie organisiert für Stanley eine Geburtstagsfeier, obwohl der bestreitet, Geburtstag zu haben. Plötzlich erscheinen die beiden mysteriösen Männer Goldberg und McCann, die Stanley bedrohen und verhören und schließlich als lallenden Krüppel in ihrem Auto abtransportieren. Petey ruft

Der Erfolg kam spät:
Maria Krasna als
Meg, Hugo Schrader
als Petey in «Die
Geburtstagsfeier».
Regie: Wolfgang
Spier, Tribüne
Berlin 1961

Stanley noch nach, er solle sich nicht vorschreiben lassen, was
er tun solle, dann plappert die imbezile Meg schon drauflos und
schwärmt von der gelungenen Feier, auf der sie die Ballkönigin gewesen sei. Da sich hier burleske und bedrohliche Aspekte vermischen und die so harmlos begonnene Feier, zu der noch die laszive
Nachbarin Lulu gestoßen ist, plötzlich umkippt ins unkontrolliert
Aggressive, bleibt der Eindruck irritierender Ratlosigkeit zurück.
Aberwitzige Fragen wie: *Ist die Zahl 846 möglich oder notwendig?
Warum popelst du? Warum ist das Huhn über die Straße gerannt?*[80],
mit denen Goldberg und McCann Stanley traktieren, wirken anfangs harmlos, sie steigern sich jedoch zum einschüchternden
Psychoterror eines aggressiven Verhörs. Als Stanley auch noch in
einem Handgemenge von McCann bedroht wird, bricht er zusammen – zurück bleibt ein menschliches Wrack, dessen Ego zerbro-
chen ist. Dem neuen, angepassten Menschen im adretten Anzug
versprechen die beiden noch: *Du wirst neu gepolt. [...] Du wirst an-*

gepasst sein. [...] Du wirst integriert sein.[81] Dann transportieren sie Stanley ab.

Geht es hier um die Ansprüche der Gesellschaft an den Künstler, die den Außenseiter zur Anpassung an vorgegebene Normen zwingen will? Haben wir es mit zwei Profi-Killern zu tun, die wie in Hemingways Kurzgeschichte «The Killers» ihren Auftrag ausführen sollen? Oder wollen hier zwei IRA-Terroristen, was die Anspielungen auf einen gemeinsamen irischen Hintergrund suggerieren, ein abtrünniges Mitglied zur Rechenschaft ziehen? Da Pinter schon als Achtzehnjähriger Kafka gelesen hatte, scheint es auch nicht abwegig, die Atmosphäre einer diffusen Bedrohung mit der Kafkas zu vergleichen und das Duo Goldberg und McCann den beiden Wächtern in «Der Prozeß» gegenüberzustellen, die Josef K. verhaften. Reinbert Tabbert meint den Schlüssel zur Interpretation bei Freuds Dreiteilung der seelischen Struktur zu finden – Meg wäre also das Es, Stanley das Ich und Goldberg das Über-Ich.[82] Tatsächlich scheint das Interpretationsspektrum, wie bei einem Rorschach-Test, gegen unendlich zu tendieren. Abhängig vom eigenen Vorverständnis kann sich aufgrund der minimalen Hintergrundinformationen über die Figuren fast jede Interpretation bestätigt fühlen.

Michael Billington, der in seiner Pinter-Biographie den politisch engagierten Aufklärer in den Mittelpunkt stellt und die frühen Stücke auch unter diesem Aspekt als gesellschaftskritische Manifeste interpretiert, beruft sich in seiner Deutung sogar auf

«Ich fragte Harold: ‹Kannst du mir sagen, woher McCann kam, bevor er in der Pension erschien?› Harold sagte: ‹Wie meinst du das?› Ich sagte: ‹Was ist McCanns Hintergrund?› Er sagte: ‹Ich hab keine verdammte Ahnung. Ich weiß alles über McCann, nachdem er durch die Tür gekommen ist – aber ich weiß nichts über seine andere Seite.› Ich zog eine Augenbraue hoch. Er meinte: ‹So ist das doch im Leben. Man trifft Leute auf Partys. Was weißt du denn darüber, was sie machten, bevor sie zur Tür hereinkamen? Alles, was man über sie weiß, existiert in diesem Zimmer.› Ich war an Bradleys Zugang zu Shakespeare gewohnt, der ja davon ausging, dass die Stücke einen tiefen Einblick in den Charakter der Figuren vermittelten. Die Vorstellung, dass die Stücke interessanter wären, wenn die Figuren so rätselhaft und unerklärlich waren wie im richtigen Leben, war für mich völlig neu.»
David Jones, der 1959 am Londoner Tower Theatre den McCann in der *Geburtstagsfeier* spielte, über sein Gespräch mit Pinter (MB S. 107)

den Holocaust, dessen Menschen verachtender Terror hier anklinge und von unbedarften, selbstzufriedenen Kreaturen wie Meg ignoriert werde. Der unabhängige, unangepasste Stanley sei daher als Opfer einer faschistoiden Verschwörung zu betrachten. Diese Deutung scheint jedoch überzogen und stark vom gegenwärtigen Bild des politischen Aufklärers geprägt zu sein, das Billington jetzt retrospektiv auf frühere Werke projiziert. Der Einbruch des unberechenbaren Duos in diese Scheinidylle wirkt zwar verstörend und beängstigend. Doch die Atmosphäre in diesem überschaubaren Mikrokosmos ist vorwiegend heiter und verspielt und setzt streckenweise auf drastische Effekte einer robusten Situationskomik. Und warum sollte der mit jüdischen Attributen versehene Goldberg Teil einer faschistischen Vernichtungsmaschinerie sein? Spätestens an dieser Stelle wird deutlich, dass die devote, unkritische Eckermann-Perspektive, aus der Billington den Nobelpreisträger beschreibt, ebenso in eine interpretatorische Sackgasse führt wie die völlige Identifizierung mit Pinters politischem Engagement und dessen eigener radikaler Perspektive. In diesem Zusammenhang sei darauf hingewiesen, dass Pinter jahrelang am Autonomie-Konzept der Kunst sowie werkimmanenter Deutung festhielt und sich weigerte, Interpretationshinweise oder Hintergrundinformationen über die Bühnenfiguren zu liefern. Bei der ersten Neuinszenierung der *Geburtstagsfeier* nach dem Londoner Fiasko kam es bei den Proben in Scarborough zwischen Pinter und Alan Ayckbourn, der damals den Stanley spielte, zu folgender Begegnung, die Ayckbourn beschreibt: «Als er in Scarborough eintraf, war er in einer sehr defensiven, um nicht zu sagen deprimierten Stimmung. Wir hatten ungefähr drei Wochen für die Proben. Ich erinnere mich daran, wie ich Pinter Fragen über meine Rolle stellte: Woher kommt er? Wohin geht er? Was kannst du mir über ihn erzählen, das mich in meinem Verständnis weiterbringt? Und Harold antwortete nur: Kümmere dich um deinen eigenen verdammten Mist. Konzentrier dich darauf, was da steht.»[83]

Die billige Absteige mit der simpel gestrickten Wirtin und einem Gast, der früher einmal Pianist war, hat Pinter während seiner Theatertourneen durch englische Badeorte kennen gelernt. In Eastbourne vermittelte ihm damals ein Kneipengast ein Zimmer in einer verdreckten Pension, die von einer großen, fülligen Frau und ihrem kleinen Mann gemanagt wurde. Nur der Kneipengast, der sich als ehemaliger Pianist entpuppte, wohnte noch in dieser Pension. Die Herbergsmutter tätschelte unentwegt seinen Kopf, und als Pinter ihn fragte, warum er sich keine bessere Unterkunft suche, antwortete der, er könne nirgendwo anders hin. *Das alles hatte sich mir eingeprägt, und drei Jahre später schrieb ich das Stück.*[84]

Nach dem Misserfolg der Londoner *Geburtstagsfeier* war Pinter zwar vorübergehend deprimiert, doch Vivien Merchant tröstete ihn mit dem Kommentar, er habe auch als Schauspieler schon heftige Verrisse bekommen und das auch schnell verkraftet. Einen bedeutenden Achtungserfolg konnte er allerdings mit der bekannten, oft zitierten Lobeshymne von Harold Hobson verzeichnen, der sich in der «Sunday Times» zu dem Bekenntnis hinreißen ließ: «Ich riskiere es gern, meinen Ruf als Kritiker aufs Spiel zu setzen, wenn ich behaupte, dass ‹Die Geburtstagsfeier› weder viertklassig, drittklassig oder zweitklassig ist, sondern absolute Spitze. Und dass Mr. Pinter, wie er mit diesem Stück beweist, das originellste, verstörendste und faszinierendste Talent in der Londoner Theaterwelt besitzt.»[85] Als diese Hymne am 25. Mai erschien, war das Stück jedoch gerade am Tag zuvor abgesetzt worden.

Nach diesem Flop wollte Pinter seine Schaffenskrise mit der Produktion von Hörspielen für die BBC bewältigen. Über *Something in common* (*Etwas Gemeinsames*) gab es nach der Ablehnung einen kontroversen internen BBC-Disput, der einem Fraktionsstreit zwischen Beckett- und Pinter-Anhängern gleichkam. Aber Pinter erhielt einen neuen Auftrag für ein einstündiges Hörspiel. Das Manuskript mit dem Titel *Ein leichter Schmerz* reichte er Ende Oktober ein, gesendet wurde das Hörspiel dann im Sommer 1959. Überraschenderweise fehlt hier das klaustrophobe Ambiente des geschlossenen Raums. Stattdessen werden wir Zeuge, wie das Ehepaar Edward und Flora sich in seinem Landhaus mit Blick auf den Garten über die richtigen Bezeichnungen für Pflanzen streitet und darüber diskutiert, wie man am wirkungsvollsten eine Wespe tötet und ob diese beißt oder sticht. Beim Blick nach draußen reagiert Edward jedoch aufgebracht und irritiert, weil am Gartentor ein Streichholzverkäufer steht. Der stumme Mann steht nicht zum ersten Mal da. Während er für Edward einen ärgerlichen Störfaktor darstellt, projiziert Flora ihre Mutterinstinkte und erotischen Phantasien in ihn. Der stumme Verkäufer wird vom jovial-herablassenden Edward zum Essen eingeladen, dann übergibt Flora den Bauchladen des Verkäufers, den sie Barnabas nennt, an ihren Mann und ergreift die Hand des Streichholzverkäufers. Es handelt sich also nicht um eine mit verbaltaktischen Manövern und geschickten Kommunikationsstrategien realisierte Usurpation, sondern um einen Rollentausch. Im Mittelpunkt stehen die Projektionen des Paares: Wo Edward eine Bedrohung durch einen möglichen Rivalen sieht, registriert Flora entzückt ein attraktives Objekt ihrer Begierde. Allerdings dominiert ein statisches Element, der Streit des Paares zieht sich von der ersten bis zur letzten Zeile als Leitmotiv durch das Stück, eine Entwicklung der Figuren gibt es nicht. Da die Streitereien jedoch komische Effekte erzielen, waren spätere Bühnenversionen als Einakter meistens recht erfolgreich.

Pinter beginnt außerdem Vorarbeiten für ein weiteres Hörspiel, *Das Treibhaus*, und schickt ein Exposé an die BBC. Es sollte eine Studie über ein psychologisches Forschungszentrum sein, in dem Patienten und Probanden behandelt und manipuliert werden. Die Forscher gehen dabei rücksichtslos vor, weil sie abweichendes Verhalten unbedingt kontrollieren und beseitigen wollen. Roote, dem Chef des Treibhauses, entgleitet die Kontrolle, was zu farcenhaften Turbulenzen führt. Da bleibt Patient Nr. 6457 auf der Strecke, eine Insassin wird geschwängert, es kommt zur Patientenrevolte, schließlich wird das Personal der Anstalt massakriert. *Das Treibhaus* blieb lange Zeit ein unvollendetes «work in progress», denn mit dem durchsichtigen Plot und der simplen Opfer-Täter-Konstellation konnte sich Pinter nicht zufrieden geben. Als Theaterstück wurde es erst 1980 aufgeführt, eine TV-Version mit Vivien Merchant und Maurice Denham unter Pinters Regie wurde von der BBC 1982 ausgestrahlt. Pinter hatte selbst an Experimenten teilgenommen, die denen aus dem *Treibhaus* ähnelten. Er hatte sich 1954 im Londoner Maudsley Hospital als Versuchsperson für einen Test zur Verfügung gestellt, weil er damals dringend Geld brauchte. *Alles schien völlig normal zu sein, Schwestern und Ärzte alle in Weiß. Zuerst wurde mein Blutdruck gemessen. Alles perfekt. Dann brachte man mich in einen Raum mit Elektroden. Sie sagten, setzen Sie sich nur hin und entspannen Sie sich. Ich hatte keine Ahnung, was passieren würde. Plötzlich gab es ein grauenhaftes Kreischen in den Kopfhörern, und ich wäre beinah durch das Dach geschossen. Mein Herz machte ... Peng! Der Krach dauerte einige Sekunden und wurde dann abgeschaltet. Ein Arzt kam grinsend herein und meinte: «Na, da haben Sie aber einen schönen Schreck gekriegt, was?» Ich antwortete: «Allerdings.» […] Es gab keine Verhöre, wie im Stück, es hinterließ bei mir aber einen starken Eindruck. Ich konnte diese Erfahrung nicht vergessen. Ich zitterte am ganzen Leib. […] Später fragte ich nach, was sie getestet hätten, und sie antworteten: unterschiedliches Reaktionsverhalten. Das erschien mir rätselhaft. Wem genau wollten sie denn diese Schocktherapie verpassen? Jedenfalls war das der Ausgangspunkt für ‹Das Treibhaus›. Mir war sehr bewusst, wie ich da für ein Experiment benutzt wurde und wie hilflos ich war.*[86]

Diese Schock-Erfahrung verarbeitete Pinter dann 1960 auch in *Der Hausmeister*. Dort beschreibt der gutmütige Aston, der dem Tramp Davies eine Unterkunft anbietet, diese Schocktherapie als traumatisches Erlebnis, das sein Leben veränderte. Vor diesem Stück, das den Wendepunkt und künstlerischen Durchbruch in Pinters Werk markiert, verfasst er noch einige Sketche und das Hörspiel *Eine Nacht außer Haus*, das in der Regie von Donald McWhinnie im März 1960 gesendet wird. Eine Fernsehfassung sendet ABC-TV im April. Pinter und Vivien Merchant spielen in beiden Produktionen mit. Es geht um die Klammerbeziehung zwischen dem achtundzwanzigjährigen Albert Stokes und seiner überprotektiven Mutter, die ihn mit penetrantem Besitzanspruch nicht zu einer Betriebsfeier gehen lassen will. Albert ist kurz davor, ihr nachzugeben, nimmt dann aber doch an der Feier teil, bei der es zu einem peinlichen Zwischenfall kommt. Albert soll ein Mädchen unsittlich berührt haben, was zu einem Disput mit Arbeitskollegen führt und in einer Schlägerei endet, als Albert als Muttersöhnchen verhöhnt wird. Der frustrierte Albert geht dann nach Hause, streitet sich mit der Mutter und schlägt in einem plötzlichen Wutanfall mit einem Wecker auf sie ein. Er sucht sich dann ein leichtes Mädchen und muss entsetzt feststellen, dass diese Prostituierte sich ähnlich weinerlich-vorwurfsvoll, bevormundend und prätentiös verhält wie seine Mutter. Er ist es leid, wieder in die Rolle des imbezilen Underdog gedrängt zu werden, übernimmt nun auf eine aggressive Weise selbst die Initiative und erteilt dem Mädchen einige Befehle, bevor er selbstbewusst nach Hause zurückkehrt. Mit realistischen Mitteln liefert Pinter hier ein präzises Psychogramm einer dominanten, überprotektiven Mutter und sondiert in einer Grauzone zwischen Fürsorge und massivem Besitzanspruch, in der latente Aggressionen des Sohnes freigesetzt werden. Die eskalierenden Einzelszenen liefern wie in einer klassischen Exposition die Rahmenbedingungen für die Handlungsmotivation. Hier deutet sich die Hinwendung zu einer konventionellen Dramaturgie mit einem Verzicht auf verwirrende *Geburtstagsfeier*-Überraschungseffekte an.

Von den kurzen Revue-Sketchen dieser Zeit – *Trouble in the Works*, *The Black and White*, *Request Stop*, *Last to Go* und *Applicant* – ist *Last to Go* insofern bemerkenswert, als der kurze Dialog zwischen einem Zeitungsverkäufer und einem Barkeeper sich auf inhaltsleeres Gerede beschränkt. Es werden Floskeln darüber ausgetauscht, dass einige Stunden zuvor mehr los gewesen sei, der Publikumsverkehr aber inzwischen nachgelassen habe. Der Zeitungsmann erkundigt sich nach einem George, den der Barkeeper jedoch nicht kennt und der offenbar schon längst weggezogen ist. Es ist ein markantes Beispiel dafür, mit welchem Gespür Pinter banales Alltagsgeschwätz auf subtilste Nuancen abklopft. Denn diese leer laufende, ratternde Konversationsmaschine, wie die Soziologen Peter Berger und Thomas Luckmann das Phänomen bezeichnen, dient hauptsächlich dazu, den Kontakt zur Umwelt nicht abbrechen zu lassen. «Das notwendigste Vehikel der Wirklichkeitserhaltung ist die Unterhaltung. Das Alltagsleben ist wie das Rattern einer Konversationsmaschine, die ihm unentwegt seine subjektive Wirklichkeit garantiert, modifiziert, rekonstruiert. […] Wenn die subjektive Welt intakt bleiben soll, so muß die Konversationsmaschine gut geölt sein, und ständig laufen. Das Reißen der Fäden, der Abbruch der sprachlichen Kontakte, ist für jede subjektive Wirklichkeit eine Gefahr.» [87] Auch der englische Bestsellerautor und Literaturwissenschaftler David Lodge, der sich auf den Anthropologen Bronislaw Malinowski (1884–1942) und dessen Analyse phatischer Kommunikation[88] beruft, hat in seiner ausführlichen Strukturanalyse dieses Dialogs auf die Signale zur Wirklichkeitserhaltung hingewiesen. Dieses banale Alltagsgerede ist symptomatisch für viele Dialogstrukturen; es definiert die Beziehungsebene der Gesprächspartner und ist für das Verständnis der Stücke eminent wichtig. Hierzu gehört etwa Astons im *Hausmeister* unternommener Versuch, mit dem obdachlosen Davies Kontakt aufzunehmen. Dies bewerkstelligt er nicht nur mit der anrührenden Beschreibung seiner traumatischen Elektroschockbehandlung, sondern auch mit seinen Exkursen über Vorzüge und Nachteile unterschiedlicher Bohrer und Sägen. Auf der Inhaltsebene ist diese Kommunikation eher bedeutungslos, als Indiz für ein Kontaktinteresse und als Sympathiebekundung jedoch äußerst signifikant.

Sidcup und andere Lebenslügen

Mit diesen Hörspielen und Sketchen beendete Pinter die fast zwei-jährige Pause zwischen seinem ersten und dem zweiten abend-füllenden Theaterstück. Bis zum Spätsommer 1959 hatte er noch Theaterengagements als David Baron angenommen, dann verfass-te er den *Hausmeister*. Nach dem *Geburtstagsfeier*-Flop bescherte ihm dieses Dreipersonenstück, vom BBC-Hörspieldirektor Donald McWhinnie im April 1960 am Londoner Arts Theatre mit Donald Pleasance (Davies), Alan Bates (Mick) und Peter Woodthorpe als Aston inszeniert, endlich den großen Erfolg. Nach vier Wochen wurde die Inszenierung ans Duchess Theatre ins Westend trans-feriert, wo sie über ein Jahr lang lief und insgesamt 444 Vorstel-lungen erreichte. Von «tumultartigem Jubel, zwölf Vorhängen und begeistertem Applaus für den strahlenden Autor» berichte-te der «Daily Herald»[89] nach der Premiere. Hier passte nun alles zusammen: Die einfühlsame Regie des Pinter-Kenners McWhin-nie, der ja schon die Hörspiele *Ein leichter Schmerz* und *Eine Nacht außer Haus* betreute, hatte auf grelle Effekte verzichtet und Raum für subtile Nuancen und Zwischentöne gelassen, was die groß-artige Besetzung, vor allem der in der Hausmeister-Rolle ganz aufgehende Donald Pleasance sowie der unberechenbare, leicht maliziöse Alan Bates, grandios unterstützte. Die Figuren waren zwar nur mit einem rudimentären biographischen Hintergrund ausgestattet, doch das Publikum war fasziniert vom spannenden Plot und verstand diese problembehafteten Randexistenzen und den Konflikt, der die Situation eines ewig suchenden Jedermanns zu beschreiben schien. So entwickelte sich *Der Hausmeister* zum Publikumsmagneten und wurde vom «Evening Standard» zum besten Stück der Spielzeit gewählt. Die deutsche Erstaufführung gab es bereits im Oktober 1960 in der Regie von Friedhelm Ort-mann am Düsseldorfer Schauspielhaus. Pinter war zur Premiere eingeladen und erlebte diesen zwischen Triumph und Ablehnung pendelnden Abend als dramatisches Wechselbad der Gefühle. *Ich verbeugte mich nach der Vorstellung mit den deutschen Schauspielern*

Es war die Rolle seines Lebens: Donald Pleasance als Davies
in Clive Donners «Hausmeister»-Verfilmung von 1963

auf der Bühne und wurde sofort heftig ausgebuht. Es muss die beeindruckendste Claqueur-Versammlung der Welt gewesen sein. Ich dachte nämlich zuerst, sie würden Megaphone benutzen, sie machten es aber nur mit dem Mund. Die Schauspieler waren jedoch genauso ausdauernd wie die Zuschauer, und so hatten wir vierunddreißig Vorhänge, wobei ununterbrochen gebuht wurde. Nach dem vierunddreißigsten Vorhang befanden sich nur noch zwei Zuschauer im Saal, die weiterbuhten.[90]

Inzwischen ist *Der Hausmeister* längst zum Klassiker der Moderne avanciert und auf allen großen Bühnen der Welt aufgeführt worden. Als erstes Pinter-Drama wurde *Der Hausmeister* im Oktober 1961 im Lyceum Theatre am Broadway gezeigt, in Paris spielte Roger Blin am Theatre de Lutece im Januar 1961 den Davies. *Le Guardien* fiel zwar durch, doch Pinter traf während eines Parisbesuchs endlich Samuel Beckett, mit dem er schon längere Zeit korrespondiert hatte. August Everding inszenierte das Stück 1972 an den Münchner Kammerspielen mit Heinz Rühmann in der Hauptrolle, der als volkstümlicher, durchaus selbstbewusster Tippelbruder Davies das Publikum begeisterte. In der Sowjetunion war *Der Hausmeister* lange vor der Glasnost-Phase auf kleinen Untergrund-

Meine erste Begegnung mit Samuel Beckett fand 1961 in Paris statt, als dort
Der Hausmeister inszeniert wurde. Er kam im Geschwindschritt ins Hotel, mit
großen Schritten. [...] Er war äußerst freundlich. Natürlich kannte ich sein Werk
schon seit einigen Jahren, doch ich wäre deswegen nie auf die Idee gekommen,
dass er so ein rasanter Fahrer war. Er fuhr seinen kleinen Citroën an diesem
Abend von Bar zu Bar, in einem Wahnsinnstempo. Schließlich landeten wir
irgendwo in Les Halles und verdrückten um vier Uhr morgens eine Zwiebelsuppe.
Da hatte ich bereits – wohl aufgrund des genossenen Alkohols, wegen der Rauche-
rei und der großen Aufregung – Verdauungsbeschwerden und Sodbrennen, wes-
halb ich meinen Kopf auf den Tisch legte. Als ich dann wieder den Kopf hob und
mich umsah, war er verschwunden. Ich hatte keine Ahnung, wohin er gegangen
war, und dachte: «Vielleicht war das alles nur ein Traum.» Ich glaube, ich schlief
dann wieder am Tisch ein, aber nach ungefähr fünfundvierzig Minuten gab es am
Tisch einen Ruck, und er war wieder da. Er hatte ein Päckchen in der Hand, eine
Tüte. Er sagte: «Um dies hier zu finden, war ich in ganz Paris unterwegs –
schließlich hab ich es gefunden.» Und dann öffnete er die Tüte und überreichte
mir eine Dose mit Natriumkarbonat, was tatsächlich Wunder bewirkte.
Harold Pinter, 1990 (VV S. 58)

bühnen ein sensationeller Hit gewesen. Der Schauspieler Alexej
Saizew inszenierte das Stück zusammen mit seinem Kollegen
Jurij Afscharow ganz spontan in Kellerräumen, Büchereien oder
Studentenwohnungen, ließ die beiden Brüder Aston und Mick
von nur einem Schauspieler spielen und präsentierte diese unter
konspirativen Bedingungen realisierte Aufführung über fünfzehn
Jahre lang, von 1972–1987, vor einem faszinierten Publikum.[91]
Auch in Tokio, Seoul, Montevideo oder in Südafrika begeisterte
Der Hausmeister die Zuschauer. Es gab Inszenierungen, in denen
die Rollen nur mit Frauen besetzt waren, wie 1984 in der Hamburger Inszenierung von Gerda Gmelin am Theater im Zimmer, die
als Hausmeisterin auftrat, was Pinter sogar sehr begrüßte. Selbst
zum pseudoreligiösen Ritual mit langatmigen Kulthandlungen
wurde das Stück schon transformiert – ein Indiz für die beinah
universelle Gültigkeit des hier beschriebenen Konflikts.

Nicht nur die überschaubare, im hermetisch geschlossenen
Raum angesiedelte Dreierkonstellation Aston, Davies und Mick
macht das Stück so wirkungsvoll. Auch die Thematik hat sich
von der Szenerie eines Zimmers als Fluchtzone, das gegen ein-
dringende Usurpatoren verteidigt wird, verlagert auf eine diffe-
renziertere Interaktion von drei Personen, denen die Bewältigung
der Realität erhebliche Probleme bereitet. Der gutmütige, kontakt-

Hausmeisterin Gerda: Am Hamburger Theater im Zimmer inszenierte die Prinzipalin Gerda Gmelin 1984 den «Hausmeister» mit weiblicher Besetzung. Sie selbst spielte den Davies. Foto von Dagmar Hoppe

gestörte Aston hat dem obdachlosen Tramp und Gelegenheitsarbeiter Davies bei einer Auseinandersetzung mit einem Restaurantbesitzer beigestanden und ihm ein Bett in seinem armseligen Zimmer angeboten. Davies entpuppt sich jedoch als nörgelnder, antriebsarm-parasitärer und obendrein anspruchsvoller Charakter mit hochfliegenden Plänen. Er ist misstrauisch und rassistisch, erwartet Großzügigkeit und Opferbereitschaft von anderen, ohne selbst irgendwelche Leistungen zu erbringen. Einen weißen Kittel als Symbol seines neuen Hausmeister-Status würde er zwar gern tragen, aber eine Klingel draußen an der Haustür mit einem Hausmeister-Schild lehnt er ab. Da könnte ja jeder kommen, ihn mit Anfragen und Arbeit belästigen. Er will angeblich einen Neuanfang wagen, braucht aber zuerst einmal seine Papiere, die bei einem Bekannten in Sidcup deponiert sein sollen. Doch für den

Weg dorthin benötigt er dringend ein Paar gute Schuhe, außerdem muss das Wetter mitspielen. Als Aston ihm robuste Schuhe besorgt, findet Davies diese zu spitz oder ihm passt die Farbe der Schnürsenkel nicht. Er möchte sich zwar gern ohne eigene Kraftanstrengung in Astons Unterkunft etablieren. Doch sein Versuch, sich nach Kontroversen mit Aston mit dem eigentlichen Hauseigentümer Mick zu verbrüdern, um seine Position zu stärken und Aston zu vertreiben, schlägt fehl. Astons großer Monolog über sein Elektroschock-Trauma offenbart sein immenses Kommunikationsdefizit und illustriert gleichzeitig seine Hoffnung, nach langer Isolation von der Außenwelt endlich wieder einen normalen, freundschaftlichen Kontakt aufbauen zu können. Auch Aston will seinen lange gehegten Traum vom selbst gebauten Schuppen im Garten irgendwann verwirklichen – bisher hat er sich dazu jedoch noch nicht aufraffen können. Und der quirlige, umtriebige Mick schwadroniert ebenfalls von seinem großen Lebensprojekt, das er in allen Nuancen ausmalt: Er will das marode Haus, durch dessen undichtes Dach es in Astons Zimmer hineinregnet, zu einem mondänen Penthouse umbauen.

So offenherzig und tiefgründig, mit drastischer Situationskomik angereichert, dabei im realistischen Alltagsjargon gehalten, so vielschichtig hatte Pinter bis dahin noch kein Stück gestaltet und keine seiner Bühnenfiguren ihre geheimen Ängste und Sehnsüchte offenbaren lassen. Dabei manifestiert sich die Einsamkeit der Figuren in Dialogstrukturen, die das paradoxe Beziehungsgeflecht noch in den grotesken Ausweichmanövern zum Kaschieren eigener Schwächen widerspiegelt. Die tragische Dimension des zum ewigen Vagabundieren verdammten Davies, der nicht in der Lage ist, Astons Großzügigkeit und Gastfreundschaft gebührend zu würdigen, entfaltet hier eine beeindruckende emotionale Kraft. Dieses Drama benötigt nur die einfache Ausgangssituation von drei Männern in einem Zimmer, das einem Sperrmülldepot ähnelt, um dann zu zeigen, wie das Zusammenleben mit einem Gast an dessen Egoismus, Intrigieren und Geltungssucht scheitert. So gewinnt der mit Gerümpel voll gestopfte Mikrokosmos, der Davies' Platz an der Sonne hätte sein können, nach seinem Rauswurf eine tragische Dimension von universaler Bedeutung. Hier handelt es sich eben nicht, wie einige Interpreten annahmen, um ein von den Brüdern Mick und Aston arrangiertes Spiel, das den ahnungslosen Davies in die Falle tappen lässt und es auf den Rauswurf des irregeleiteten Gastes abgesehen hat. Beide lächeln sich zwar gegenseitig an, doch ist dies als Signal brüderlicher Solidarität zu verstehen, dem kein berechnendes Ausgrenzmanöver zugrunde liegt. Alle drei Figuren hegen ihre Illusionen vom großen Lebensprojekt, das sie verwirklichen wollen. Doch sie müssten, um diese Vorhaben zu realisieren, zuerst einmal ihre eigenen Schwächen bekämpfen, ihre auf eigene Wunschvorstellungen zurechtgebogenen Konstrukte der Realität modifizieren. Das würde einer Umpolung ihrer eigenen Weltsicht und Identität gleichkommen, wozu sie nicht in der Lage sind. Obwohl sich Davies als potenzieller Usurpator entpuppt, der Aston nach ihrem Streit aus dem Haus vertreiben will, stellt neben der Außenwelt auch das eigene Realitätskonzept eine Bedrohung dar. Denn es macht einen pragmatischen Umgang mit der Alltagswirklichkeit unmöglich und scheint die Figuren zu paralysieren.

Pinter hatte in dem Stück Begegnungen mit einem Obdachlosen aus der Zeit verarbeitet, als er mit Vivien Merchant in der Chiswick Road wohnte. *Der Hausbesitzer war ein Bauunternehmer, ein ähnlicher Typ wie Mick, mit einem Lieferwagen, den ich kaum sah. [...] Sein Bruder lebte auch im Haus, der war ein Bastler. Er war wohl erfolgreicher als Aston, aber sehr introvertiert und verschwiegen. Er war einige Jahre zuvor in einer geschlossenen Anstalt gewesen, wo er eine Art Elektroschockbehandlung bekommen hatte. Jedenfalls brachte der eines Nachts einen Tramp mit nach Hause. Ich nenne ihn Tramp, aber er war nur ein obdachloser alter Mann, der drei oder vier Wochen blieb. [...] Er schien jedenfalls sehr mit seinem Schicksal zu hadern. Ein Bild, das sich mir über lange Zeit eingeprägt hatte, war das von der offenen Tür, durch die man in das Zimmer sah, wo die beiden Männer an verschiedenen Stellen standen und mit unterschiedlichen Dingen beschäftigt waren. Der Tramp wühlte in einer Tasche, und der andere sah aus dem Fenster und sprach kein Wort.*[92] Der Bastler, der am Fenster steht und verträumt hinaussieht, der Tramp mit der Tasche und der Bauunternehmer mit dem Lieferwagen: das ist die Grundsituation mit Aston, Davies und Mick, die Pinter beim Schreiben vor Augen hatte. Aufschlussreich ist nicht der autobiographische Bezug mit einem möglichen Wiedererkennungseffekt, sondern die Entwicklung dieser Konstellation aus einer statischen Gruppierung sowie die Charakterisierung dieses Trios und seiner individuellen Wunschträume. Astons Blick aus dem Fenster gilt der Vision vom Schuppen, den er gern bauen möchte, um darin in Ruhe basteln zu können. Davies durchwühlt die Tasche, um ein Paar ordentliche Schuhe für seinen Weg nach Sidcup zu finden, wo er sich endlich seine Papiere abholen will. Und der Bauunternehmer Mick träumt vom todschicken, taubenblauen Schöner-Wohnen-Ambiente eines total renovierten Hauses. Alle drei kultivieren ihre utopischen Visionen, die sich jedoch als unerfüllbar entpuppen. Davies schwadroniert zwar viel über robuste Schuhe und das gute Wetter, das er benötigt, um sich endlich auf den Weg nach Sidcup machen zu können. Doch er sucht vor allem nach passenden Ausflüchten und Vorwänden zum Aufschieben des Projekts. So kann er sich selbst suggerieren, es eines Tages doch noch zu verwirklichen. Es ist die Konstruktion einer Lebenslüge, wie wir sie von Ibsens «Die Wildente» oder von Eugene O'Neills «Der Eismann kommt» kennen. Aston möchte unbedingt einen Schuppen im Garten bauen und hat dafür Bauholz sowie eine Menge Trödel, Elektrogeräte und Handwerkszeug gesammelt. Nach seiner missglückten Elektroschockbehandlung lebt er zurückgezogen und vereinsamt, vom eingeladenen Davies verspricht er sich auch ein

«Sie reden, antworten, widersprechen sich, vergessen die Namen, die sie sich zuerst ausdachten. Der einzige Grund für ihre Antworten sind die Fragen, und dass der erste, der in diesem Spiel anfängt zu schweigen, der Verlierer ist. Wer aufhört zu sprechen, muss die Dominanz über die Bühne aufgeben, sich abwenden und auf den Raum verzichten, wegen dessen Beherrschung die Akteure diese Manöver durchführen. Egal, was der Dialog an der Oberfläche suggeriert, in diesen Situationen geht es um Kampf: Herrsche oder werde beherrscht, agiere oder du gehst unter. [...] Die Gefahr des Pinterismus besteht darin, dass er versucht, das Image von drei Personen in einem Raum zu einem Weltbild zu hypostasieren, das die Gültigkeit der Sprache ebenso negiert wie die der Logik und dabei noch die Vorstellung von einer konstanten Identität leugnet, [...] solch ein Theater wäre eine Art sprachloses Instant Theatre: Ein Theater, dass den Charakter ausgrenzt, weil dieser keine Aktion bedeutet; die soziale Wirklichkeit ausblendet, weil diese Klassen und kulturelle Bezugspunkte einbeziehen müsste und die Auseinandersetzung mit Geschichte scheut, weil dies ein großes Personal mit einbeziehen müsste.»
Ronald Bryden: Three Men in a Room, «New Statesman», 26. 6. 1964

Ende seiner Isolation. Der quirlige Jungdynamiker Mick, immer unterwegs auf der Suche nach neuen Baustellen, schwelgt in Visionen mustergültiger Apartments. Aber auch er wird seinen Traum wohl nicht verwirklichen, obwohl er einen lebenstüchtigen Eindruck macht, sich bestens auskennt im Juristen-Jargon und eloquent über Referenzen und Renditen, Bankverbindungen und notarielle Beglaubigungen parliert. Seine unberechenbare Art kann vom Grotesk-Komischen leicht ins Aggressive umschlagen. Den zu Tode erschrockenen Davies überrascht er im dunklen Zimmer mit dem Dröhnen eines Staubsaugers, den er an die Fassung der Glühbirne angeschlossen hat – er sei eben gerade beim Frühjahrsputz, erklärt er dem irritierten Davies. Wie ein Zauberlehrling scheint er auch vieles mal eben herbeizaubern zu können: Ein Sandwich zieht er ebenso lässig aus der Jackentasche wie den Salzstreuer.

Fünf Jahre nach der englischen Erstaufführung von «Warten auf Godot» in Peter Halls packender Inszenierung am Londoner Arts Theatre sahen etliche Kritiker im obdachlosen Tramp Davies einen Kollegen der beiden Tippelbrüder Wladimir und Estragon. Wie Becketts Landstreicher Wladimir, der sich wegen seiner schmerzenden Füße intensiv mit seinen Schuhen beschäftigt, hat auch Davies Probleme mit den Schuhen und beschwört die enorme Bedeutung des richtigen Schuhwerks. *Schuhe? Für mich eine Frage von Leben und Tod.*[93]

«Samuel Beckett und Harold Pinter kenne ich gut. Ich glaube, ich weiß, wie sie schreiben und warum sie schreiben: nämlich instinktiv. Doch jetzt ist die Welt schon voll von Akademikern, die ihre Motive mit dem Überschwang eines Sherlock Holmes untersuchen, der einen Fall lösen will. Aber so verhält es sich eben nicht.»
Peter Hall: Diaries, S. 80

Doch im Unterschied zu Becketts «Warten auf Godot» und der dort entwickelten existenziellen Grundsituation vergeblichen Hoffens zeigt Pinter im *Hausmeister* die tragische Verstrickung seiner Figuren vor einem konkreten sozialen Hintergrund. Davies, der sich den zweiten Namen Jenkins zugelegt hat, konnte noch keine Ordnung in seine undurchsichtige Lage bringen, weil ihm die Papiere fehlen, die seine wahre Identität belegen. Seine eigentliche Lebensaufgabe besteht inzwischen aber nur noch darin, immer neue Vorwände und Ausflüchte zu finden, um seinen

Trip nach Sidcup, wo er seine Papiere deponiert hat, aufzuschieben. Entweder fehlen ihm die richtigen Schuhe, die passenden Schnürsenkel, oder das Wetter spielt ihm einen Streich. Als Aston von ihm wissen will, wie lange diese mysteriösen Papiere schon in Sidcup lagern, muss Davies nach längerem Zögern zugeben, dass dieser Zustand wohl schon fünfzehn Jahre anhält.

Die grotesken rhetorischen Ausweichmanöver von Davies, mit denen er selbst die Beantwortung einfachster Fragen vermeidet, sind eindrucksvolle Beispiele für Pinters Technik, pathologische Verhaltensstrukturen hinter diesen rhetorischen Tricks aufscheinen zu lassen. Diese tragikomischen Passagen gehören zweifellos zu den eindrucksvollsten Höhepunkten in Pinters Werk. Sie demonstrieren auch, dass es sich hier nicht um ein fatalistisch hingenommenes Scheitern der Kommunikation handelt, sondern um aus strategischen Gründen betriebene Ausweichmanöver zum Kaschieren eigener Schwächen und Absichten.

> ASTON *Wie war dein Name noch mal?*
> DAVIES *Der falsche ist Bernard Jenkins.*
> ASTON *Nein, der andere?*
> DAVIES *Davies. Mac Davies.*
> ASTON *Kommst du aus Wales?*
> DAVIES *Hä?*
> ASTON *Aus Wales?*
> *Pause.*
> DAVIES *Ach, ich war schon überall, weißt du ... will sagen ... ich bin viel rumgekommen ...*
> ASTON *Und wo bist du geboren?*
> DAVIES *(düster) Wie meinst du das?*
> ASTON *Wo bist du geboren?*
> DAVIES *Ich wurde ... äh ... oh, das ist ein bisschen schwierig, schon lange her ... verstehst du ... lange her ... eine ganze Weile ... man verliert den Überblick ... weißt du ...*[94]

Im *Hausmeister*-Mikrokosmos ist zwar jede Figur auf den eigenen Vorteil in seinem Dunstkreis fixiert, doch die Lebenslüge der anderen wird durchaus durchschaut und kritisch-hämisch entlarvt. Hier avanciert jeder Protagonist zum Mini-Machiavelli, der kleinste Vorteile im strategischen Machtpoker nutzen will, auch wenn er selbst unfähig ist, langfristige Perspektiven zu entwickeln oder eigene Defizite zu beheben. Als Aston vom geplanten Bau seines Arbeitsschuppens berichtet, spottet Davies sofort, da benötige er aber einen Traktor, um das Unkraut im Garten zu beseitigen, und verhöhnt den Bau sogar als *Stinke-Schuppen*.[95] Und Mick hat schnell die Hinhaltetaktik entlarvt, mit der Davies seine Lethargie rationalisiert: *Du hältst eine lange Rede über die ganzen Zeugnisse, die du da unten in Sidcup hast, und was ist passiert? Mir ist nicht aufgefallen, dass du runter nach Sidcup gegangen wärst, um sie zu holen.*[96]

Der gutmütige, fast autistische Aston, der verschlagene, berechnende Opportunist Davies, dazu der hyperaktive, *in alle Richtungen expandierende*[97], mit einem Faible für ästhetische Extravaganz gesegnete Mick: dieses Trio, das hier fast archetypisch gezeigt wird, ist eben nur bis zu einem bestimmten Punkt komisch. Es ist die dahinter liegende menschliche Tragik, um die es Pinter eigentlich geht.

Während der letzten vier Wochen der Spielzeit am Duchess Theatre übernahm Pinter selbst die Rolle des Mick. Zum Schauspieler Donald Pleasance, der immer noch den Davies spielte und diesen Part 1962 auch begeistert in der Verfilmung von Clive Donner mit Alan Bates als Mick und Robert Shaw als Aston übernahm, hatte er inzwischen ein enges freundschaftliches Verhältnis entwickelt. Pleasance hatte den führerscheinlosen Dramatiker nach den Proben abends im Auto regelmäßig nach Hause gefahren und dabei mit Pinter ausführliche Diskussionen über das Stück geführt. Zweifellos war Davies seine Lieblingsrolle, die er auch noch über dreißig Jahre später, 1991 in Pinters eigener Inszenierung am Londoner Comedy Theatre, mit großer Begeisterung spielte. An diesen großen, 1994 verstorbenen Pinter-Mimen reichte kein anderer Schauspieler heran. Niemand konnte so mitleidheischend sein Außenseiterschicksal beschwören, sich in geradezu bösartiger Ekstase über Lutons heimtückische Mönche beschweren, die weder Schuhe noch ordentliche Essensportionen herausrücken wollten, und dabei mit dramatischem Gestus die geballte Faust auf den flachen Handteller schmettern.

Der Hausmeister verschaffte Pinter auch das Entree in die Welt des Films. Donald Pleasance verfügte als prominenter Filmschauspieler über exzellente Kontakte zur Filmbranche und schlug Pinter vor, er solle für eine Verfilmung das Drehbuch schreiben. Als die Finanzierung des Filmprojekts durch eine amerikanische Company scheiterte, entschlossen sich Donald Pleasance, Harold Pinter und der Regisseur Clive Donner, die benötigten vierzigtausend Pfund über eine private Investorengruppe prominenter Künstler aufzutreiben. Zu diesen privaten Förderern des Projekts gehörte neben Noel Coward, Richard Burton, Elizabeth Taylor und Peter Sellers auch der Regisseur Peter Hall, mit dem Pinter anschließend sehr eng zusammenarbeitete. In seinen Tagebüchern wies Hall später daraufhin, dass er selten eine so profitable Investition getätigt habe. Der Film brachte nicht nur einen hübschen Gewinn ein, Peter Hall inszenierte dann auch die wichtigsten Pinter-Dramen, er bestärkte Pinter darin, selbst Theaterstücke zu inszenieren, und ernannte ihn später zum Co-Direktor des National Theatre. Abgesehen von diesen wichtigen Weichenstellungen erweiterte die Zusammenarbeit mit Donald Pleasance und Clive Donner an der *Hausmeister*-Verfilmung Harold Pinters künstlerischen Horizont. Denn die Dreharbeiten in einem verfallenen Haus in der Downs Road in Hackney, ganz in der Nähe seines Elternhauses, öffneten dem bisher auf hermetisch geschlossene Räume fixierten Dramatiker die Augen: Mit den Szenen im Garten, im fahrenden Lieferwagen oder im Café konnten ganz neue, intensive emotionale Augenblicke eingefangen werden. Mit Close-ups rückte die Kamera hautnah an die Gesichter der beiden sich anlächelnden Brüder oder an den verstörten Davies, den Mick in seinen Transporter verfrachtet, um ihn tatsächlich nach Sidcup zu kutschieren. Erst als Mick nach wenigen Metern den Wagen wieder zum Stehen bringt, beruhigt sich der zu Tode erschrockene Davies. Drastischer und eindringlicher konnte man die Angst vor der Konfrontation mit der Realität und die Furcht vor dem Zusammenbrechen der selbst gebastelten Lebenslüge wohl nicht vermitteln. *Bis dahin hatte ich die Einschränkungen der Bühne akzeptiert. Es gibt zum Beispiel eine Szene im Garten des Hauses, die sehr schweigsam abläuft; zwei schweigende Gestalten, die von einem Dritten beäugt werden. Ich finde, im Film konnte man die Beziehung der beiden Brüder deutlicher herausarbeiten als im Stück. [...] Im Stück, wenn die Leute nur mit der Bühne konfrontiert waren, mit einem Zimmer und einer Tür, nahmen sie oft an, dass alles in einem Limbo, in einem Vakuum geschah und die Außenwelt kaum existierte. Oder sie hatte mal zu einem früheren Zeitpunkt existiert, aber man erinnerte sich nur noch vage an sie.*[98]

Der *Caretaker*-Film, auf der Berlinale 1963 mit dem Silbernen Bären und dem Spezialpreis der Jury prämiert, erweiterte für Pinter jedoch nicht nur die Räume und Perspektiven des geschlossenen *Hausmeister*-Mikrokosmos.

Als Drehbuchschreiber war er jetzt auch begeistert von den Möglichkeiten dieses neu entdeckten Mediums und begann bald darauf seine Zusammenarbeit mit dem Filmregisseur Joseph Losey, der ihm anbot, für die Verfilmung der Novelle von Robin Maugham, «Der Diener», das Drehbuch zu verfassen. Die vom Film ausgehende Faszination, die ja schon in der jugendlichen Hackney-Periode stark war, verstärkte sich für den Drehbuchschreiber noch. Harold Pinter verfasste insgesamt vierundzwanzig Drehbücher.

Der Hausmeister
(The Caretaker)
Nach dem Bühnenstück
von Harold Pinter
Regie: Clive Donner
Mit Donald Pleasence
Robert Shaw
Alan Bates
Neue Filmkunst
Walter Kirchner

Filmplakat zu Clive Donners «Hausmeister»-Film, der in Berlin 1963 den Silbernen Bären gewann

Während *Die Geburtstagsfeier* nach nur einwöchiger Spielzeit abgesetzt wurde, war *Der Hausmeister* über ein Jahr lang mit starker Resonanz aufgeführt worden. Mit dem künstlerischen Erfolg hatte endlich auch die finanzielle Durststrecke des jungen Ehepaars mit dem inzwischen zweijährigen Sohn Daniel ein Ende gefunden. Die Pinters konnten sich nun den Umzug in eine neu eingerichtete Maisonette im gutbürgerlichen Kew leisten und schienen sich damit, wie Donald Pleasance nach einem Besuch ironisch anmerkte, den «Schöner-Wohnen»-Traum von Mick gegönnt zu haben. Eine luzide Beobachtung, denn der soziale Aufstieg des Dramatikers spiegelt sich nun auch häufiger im Ambiente und im Status seiner Bühnenfiguren wieder. In *Heimkehr* (1965) zeigt Pinter zwar noch dubiose Typen wie den Zuhälter Lenny und den heruntergekommenen Boxer Joey, doch der nach London zur Familienvisite aus den USA angereiste Akademiker Teddy verweist bereits auf den sozialen Aufstieg und einen dementsprechend elaborierteren Sprechcode seiner Figuren. Auch die in *Alte Zeiten* (1971) ausgetauschten Reminiszenzen der bourgeoisen Künstler Deeley, Kate und Anna, der im *Niemandsland* (1975) thematisierte Konflikt der beiden Autoren Hirst und Spooner sowie das im Verlagsmilieu spielende *Betrogen* (1978) liefern hierfür weitere Beispiele.

Zwischen den Zeilen:
Im Fokus der Medien

Nach dem *Hausmeister*-Erfolg wuchs auch das Medieninteresse an Pinter. Obwohl er oft genug mit dem Hinweis auf den Autonomie-Anspruch der Kunst behauptet hatte, nichts über seine Stücke oder seine Figuren sagen zu wollen oder zu können, da der Text für sich selbst zu sprechen habe, gab Pinter doch zahlreiche Interviews und war dabei meistens auch bereit, sich auf Diskussionen über sein Werk einzulassen. In den BBC-Radio- und TV-Interviews, die Pinter nach der *Hausmeister*-Premiere 1960 gab, kreist er bereits die Themenbereiche ein, die er in seiner ausführlichen Rede beim Studententheater-Festival in Bristol 1962 differenzierter ins Visier nimmt. Bemerkenswert ist, dass Pinter trotz der realistischen *Hausmeister*-Szenerie und einer relativ konkreten, mit biographischen Details versehenen Figurenzeichnung vom BBC-Redakteur Hallam Tennysson mit dem absurden Dramatiker Eugène Ionesco verglichen und als Vertreter einer neuen, von Kontinentaleuropa ausgehenden ominösen Bewegung des «Anti-Theaters» in Verbindung gebracht wurde. Tennysson rühmte den *Hausmeister* immerhin als «das beste von einem Engländer verfasste Nachkriegsstück».[99] In diesen Interviews äußerte sich Pinter zwar über die Kommunikationsproblematik, die aufgrund der Scheu seiner Charaktere vor allzu schmerzlichen, intensiven Kontakten ein Vermeiden echter Kommunikation zur Folge hat. Aber er lehnte es ab, den Interpreten seines eigenen Stücks zu spielen. Als Hugh Wheldon, der in der TV-Sendung «Monitor» Ausschnitte der Londoner *Hausmeister*-Inszenierung zeigte, Pinter nach dem Symbolgehalt des Stückes fragte, bekam er die Antwort: *Ich glaube jedenfalls nicht, dass der Autor sich mitten auf die Bühne stellen sollte, um dem Publikum mitzuteilen, was es über seine Figuren denken soll.*[100]

Sein 1962 beim Studententheater-Festival in Bristol gehaltener Vortrag wurde lange als Grundsatzrede verstanden, die seine wichtigsten Überlegungen zur Sprache und Kommunikation sowie zum politischen Engagement des Autors enthielt. Seine Äußerungen stießen auf großes Interesse und wurden unter dem Titel «Between The Lines» (Zwischen den Zeilen) komplett in der «Sunday Times» abgedruckt. Vergleicht man diese Rede mit seinen emphatischen politischen Stellungnahmen der letzten Jahre, dann fällt sofort der enorme Kontrast zum engagierten «angry old man» der Gegenwart auf. Sein Weltbild und die Beurteilung des gesellschaftspolitischen Kontexts haben sich im Lauf der Jahre extrem verändert. Denn der gesellschaftspolitisch neutral-abstinente Tenor von damals ist Pinters aktuellem radikaldemokratischen Credo fast diametral entgegengesetzt. Damals war das Schreiben für ihn noch ein privater Akt, zwischen Lyrik und Drama konnte er keinen Unterschied erkennen. *Was ich schreibe, ist nur sich selbst verpflichtet. Ich habe weder gegenüber den Zuschauern, den Kritikern, Produzenten, Regisseuren, Schauspielern noch gegenüber meinen Mitmenschen irgendeine Verantwortung, sondern nur gegenüber dem gerade vorliegenden Stück.*[101] Daher lehnte er es mit polemischer Schärfe rigoros ab, als Autor den «Propheten» zu spielen. *Es gibt zurzeit viele Leute, die erwarten, dass ein Dramatiker den Propheten spielt. Allerdings genießen es heutzutage etliche Dramatiker, alles Mögliche zu prophezeien. Warnungen, Predigten, Ermahnungen, ideologische Vorhaltungen, moralische Urteile, klar definierte Probleme mit eingebauten Lösungen: all dies kann unter dem Banner des Prophetentums zusammengefasst werden. Die dahinter liegende Einstellung könnte man in einer einzigen Formulierung zusammenfassen: «Jetzt erzähle ich euch mal was!»*[102]

Ein kritischer Beobachter könnte zu dem Schluss kommen, dass Pinter heute genau die bevormundende Attitüde einnimmt, die er in seiner Rede damals scharf verurteilte. *Hütet euch vor dem Autor, der euch sein Anliegen aufzudrängen versucht, der keinen Zweifel an seinem Altruismus aufkommen lässt, der sein Herz auf dem rechten Fleck zu haben behauptet und der dafür sorgt, dass man es in seiner ganzen Größe sehen muss: Was einem da mit viel Zeitaufwand als ein Gefäß aktiven und positiven Denkens vorgestellt wird, ist in Wahrheit ein in leere Definitionen und Klischees hoffnungslos verstrickter Mensch.*[103]

Aufschlussreich sind seine Bemerkungen zur Kommunikation, die für das Verständnis der verbalstrategischen Ausweichmanöver seiner Figuren von entscheidender Bedeutung sind.

Er sei zwar kein Theoretiker, erläuterte Pinter damals in Bristol, doch einige Anmerkungen zum Sprachgebrauch und zur bis zum Überdruss missbrauchten Floskel vom angeblichen Scheitern der Kommunikation seien längst überfällig. Denn das Geschwätz vom Scheitern der Kommunikation halte er für abwegig. *Ich halte das Gegenteil für richtig. Ich glaube, dass wir nur zu gut kommunizieren, mit unserem Schweigen, mit dem, was ungesagt bleibt. Was stattfindet, ist ein fortwährendes Ausweichen vor der Kommunikation sowie unsere verzweifelten Versuche, uns auf uns selbst zu beschränken. Denn die Kommunikation ist zu verstörend, in das Leben eines anderen einzudringen ist zu erschreckend. Anderen unsere eigene innere Armut zu offenbaren ist eine zu furchterregende Möglichkeit.*[104] Zweifellos ist dies ein Leitmotiv, das sich durch seine Werke zieht. Die rhetorischen Ausweichmanöver schließen freilich nicht aus, dass ein Punkt erreicht wird, an dem eine Figur sich tatsächlich offenbart und ausspricht, was sie wirklich meint. *Ich habe herausgefunden, dass irgendwann doch unausweichlich ein Moment kommt, da sie vielleicht etwas sagt, was sie vorher noch nie geäußert hat. Wenn dies passiert, geschieht es unwiderruflich und kann nie wieder zurückgenommen werden.*[105]

Astons Exkurs über seine traumatische Elektroschockbehandlung ist für diesen Augenblick der Wahrheit sicher ein treffendes Beispiel. Es muss daher irritierend wirken, wenn Pinter einige Jahre nach diesem Statement im «Paris-Review»-Interview mit Lawrence Bensky einen so eindeutigen Moment wahrhaftiger Selbstoffenbarung in Zweifel zog und relativierte, indem er bemerkte, nicht alles, was Aston in seinem Monolog behaupte, sei für bare Münze zu nehmen. Offenbar kann Pinter nicht dem Wunsch widerstehen, auch eindeutige Aussagen in rätselhafte oder mehrdeutige Verwirrspiele zu transformieren.

Man muss nicht erst Rilkes «Aufzeichnungen des Kornets Malte Laurids Brigge» oder Hofmannsthals im «Brief des Lord Chandos» formulierte Überlegungen zum Zerfall der Sprache bemühen, um zu verstehen, dass Pinters Irritationen über den Missbrauch der Sprache aus demselben Unbehagen wie dem des jungen Lord Chandos resultieren, dem «abstrakte Begriffe im Mund zerfielen wie modrige Pilze, so daß ihm schließlich nur der Anstand des Schweigens verblieb».[106] Bei Pinter konzentriert sich die Kritik eher auf die Schwierigkeit, den wahren Kern eines Sachverhalts enthüllen zu können, da mit der Sprache viele Aspekte verschleiert werden, mehrdeutig bleiben und entscheidende Zusammenhänge oft erst unterhalb der Inhaltsebene erkennbar werden. *Die Sprache ist unter diesen Bedingungen eine äußerst mehrdeutige Angelegenheit. So oft verbirgt sich hinter dem gesprochenen Wort das, was bekannt ist, aber unausgesprochen bleibt. Meine Figuren erzählen mir nur bis zu einem gewissen Punkt etwas über ihre Erfahrungen, Vorhaben, Motive oder über ihre Geschichte. Zwischen dem Mangel an biographischen Hintergrunddetails und der Mehrdeutigkeit ihrer Aussagen befindet sich ein Areal, das es nicht nur lohnt zu erforschen, sondern das es unbedingt zu erforschen gilt. Sie und ich, die Bühnenfiguren, die auf einer leeren Seite entstehen, wir alle sind meistens ausdruckslos, geben wenig über uns preis; wir sind unzuverlässig, ausweichend, abblockend, abweisend. Aber aus all diesen Attributen entsteht eine Sprache. Ich wiederhole: wo unter all dem, was gesagt wird, etwas anderes mitgeteilt wird.*[107]

Die Bedrohlichkeit, die vom Vagen und Mehrdeutigen ausgeht, hat Pinter in seinen Stücken mit kafkaesker Subtilität gestaltet. Sie ist eng verzahnt mit der Problematik der Verifikation von Aussagen und der generellen Schwierigkeit, zwischen Wahrem und Falschem präzise unterscheiden zu können. Kein Wunder also, dass er in seiner in Bristol gehaltenen Rede auch dieses zentrale Motiv anspricht. *Wir werden konfrontiert mit der Schwierigkeit, wenn nicht sogar mit der Unmöglichkeit der Verifikation der Vergangenheit. Ich meine nicht nur das, was vor einigen Jahren passierte, sondern gestern oder heute früh. Was fand statt ... was passierte? Wenn man von der Schwierigkeit sprechen kann, herauszufinden, was gestern passierte, dann kann man die Gegenwart genauso behandeln. Was passiert jetzt? Wir werden es erst morgen oder in sechs Monaten wissen, und wir werden es dann auch nicht wissen, wir werden es vergessen haben, oder unsere Phantasie wird die Gegenwart mit falschen Merkmalen versehen haben. Ein Augenblick wird verschluckt oder verzerrt, meist sogar im Augenblick seines Entstehens. Wir alle werden eine gemeinsame Erfahrung ganz unterschiedlich interpretieren, obwohl wir davon ausgehen, dass es eine gemeinsame Grundlage gibt, eine bekannte Grundlage. Ich glaube auch, dass es eine gemeinsame Grundlage gibt, dass es sich dabei aber eher um Treibsand handelt. Weil «Realität» ein ziemlich fest um-*

rissener Begriff ist, tendieren wir dazu, anzunehmen oder zu hoffen, dass der Zustand, auf den er sich bezieht, genauso fest, gesichert und unumstößlich ist. Das scheint aber nicht so zu sein, was meiner Ansicht nach weder gut noch schlecht ist.[108]

Harold Pinter ist zwar ein intuitiv vorgehender Autor, der meist Ausgangssituationen von Menschen in einem Zimmer visualisiert und daraus dramatische Interaktionen entwickelt. Von theoretischen Konzepten oder Entwürfen zu einer neuen Theaterform wie etwa dem von Brecht entwickelten epischen Theater hält er nichts. Auch wenn er in seiner Bristoler Rede betonte, kein Theoretiker zu sein, so liefern diese Überlegungen doch wichtige Hinweise für das Verständnis der Stücke und für das fragile Realitätskonzept, das seine Figuren zum Rückzug vor einer bedrohlichen Außenwelt mit all ihren Furcht einflößenden Mehrdeutigkeiten treibt. Und die Ansichten über problematische Verifikationsprozesse, die durch verfälschte Erinnerungen erschwert werden, bleiben für spätere Stücke wie das 1971 verfasste *Alte Zeiten* und die dort thematisierte Suche nach wahren, längst vergangenen Ereignissen ebenso relevant wie auch für die intensive Beschäftigung mit Marcel Proust und die Arbeit am Drehbuch für das von Joseph Losey 1972, später auch von Luchino Visconti anvisierte, jedoch nicht realisierte Filmprojekt «Auf der Suche nach der verlorenen Zeit».

«Ein bekannter Dramatiker verblüffte mich einmal mit seiner Klage über das bedauernswerte Schicksal von Harold Pinter. ‹Alle anderen Dramatiker›, bemerkte er, ‹können schreiben, was sie wollen – Farcen oder historische Stücke, polemische Werke oder Romanzen. Aber Harold Pinter muss immer ein Harold-Pinter-Stück schreiben. Das muss doch die Hölle für ihn sein.› Es war zwar ein gut gemeinter Scherz, aber einer, der einen wahren Kern enthielt. Pinters Stücke sind nämlich sofort zu erkennen und ganz typisch. Der Ausdruck ‹pinteresk› ist in den Sprachgebrauch eingegangen. [...] Die unbekannte Drohung, die Konfrontation auf begrenztem Raum [...] oder die persönlichen, unbewusst vorhandenen Spannungen – all das hat sich in den Stücken der letzten fünfundvierzig Jahre kaum verändert.»
Peter Hall. In: Peter Raby (Hg.): The Cambridge Companion to Pinter, S. 145

Seitensprünge und
erotische Rollenspiele

Der *Hausmeister*-Erfolg sowie die starke Medienpräsenz sorgten für neue Kontakte und Aufträge. Für den TV-Sender Associated Rediffusion verfasste Pinter 1960 das TV-Spiel *Eine Nacht außer Haus*, 1961 *Die Kollektion* und 1963 *Der Liebhaber*. Der Filmregisseur Joseph Losey war vom Fernsehspiel *Eine Nacht außer Haus* so begeistert gewesen, dass er Pinter sofort das Angebot machte, eine Drehbuchversion der Novelle von Robin Maugham, «Der Diener», anzufertigen. Mit Losey entwickelte sich daraufhin eine ähnlich enge und fruchtbare Zusammenarbeit bei Filmprojekten wie mit Peter Hall im Theaterbereich.

1962 wurde eine Bühnenversion der *Kollektion* am Aldwych Theatre aufgeführt. Peter Hall hatte Pinter angeboten, als Co-Regisseur mit ihm zusammen das Stück zu inszenieren. Es war die denkbar beste Regielehre, denn kaum ein Regisseur besitzt ein so feines Gespür für sprachliche und bühnentechnische Nuancen wie der geniale Peter Hall. Seitdem hat Pinter neben seinen eigenen auch zahlreiche Stücke anderer Dramatiker, wie etwa «Oleanna» von David Mamet oder «Butley» von Simon Gray, inszeniert. Die enge, freundschaftliche Kooperation fand jedoch ein vorübergehendes Ende, als Peter Hall 1983 seine Tagebücher veröffentlichte, in denen er auch Pinters Beziehung zu Lady Antonia Fraser erwähnte, die Pinter nach der Scheidung von Vivien Merchant 1980 geheiratet hatte. Der Dramatiker hatte sich in seiner Intimsphäre verletzt gefühlt, weil Hall Pinters Affäre ans Licht der Öffentlichkeit gezerrt hatte. Erst 1990, anlässlich Peter Halls Neuinszenierung der *Heimkehr* am National Theatre, kam es zu einer versöhnenden Aussprache, die eine Fortsetzung ihrer Zusammenarbeit ermöglichte.

Wenn die Realität abhängig von der jeweiligen Perspektive und vom individuellen Erkenntnisinteresse interpretiert werden kann, wenn vergangene Ereignisse durch subjektiv gefärbte Erinnerungen vom Wunschdenken beeinflusst und unterschiedlich dargestellt werden können, wird es dann nicht unmöglich, die objektive Wahrheit über vergangene Aktionen herauszufinden? Diesen Aspekten auf der Beziehungsebene nachzuspüren, hat Pinter besonders fasziniert. Hat ein Partner wirklich, wie in *Die Kollektion* thematisiert, einen Ehebruch begangen? Haben die beiden Freundinnen Kate und Anna, wie in *Alte Zeiten* angedeutet, früher einmal eine lesbische Beziehung gehabt? Hat der betrogene Ehemann schon seit Jahren davon gewusst, dass seine Frau mit seinem besten Freund eine Affäre hat, wie in *Betrogen* suggeriert wird? Zur Bemühung um die Aufklärung erotischer Irrungen und Wirrungen gesellt sich noch ein Aspekt, der diese Verifikationsversuche kompliziert, nämlich der einer latenten homosexuellen Neigung. Wenn sich zwei Männer um dieselbe Frau bemühen und mit ihr sexuelle Beziehungen unterhalten, kann sich dies zu einer neuen, verbindenden Komponente entwickeln. In *Die Kollektion* unternimmt der in der Textilbranche tätige James den Versuch, herauszufinden, was tatsächlich geschah, als seine Frau Stella in einem Hotel in Leeds den aus London angereisten Bill traf. Hatte der mit Harry zusammenlebende Bill seine Frau verführt? Sind sich die beiden dort überhaupt begegnet? Wollte Stella, die ihrem Mann diesen angeblichen Seitensprung beichtete, vielleicht nur um mehr Aufmerksamkeit und Zuwendung buhlen? James erscheint plötzlich im Haus von Bill, konfrontiert den verblüfften Bill mit diesen Fragen und kommt nach einem rhetorischen Schlagabtausch zu der Erkenntnis, dass Bill eigentlich ein ganz attraktiver Typ sei. Er bedankt sich schließlich bei Stella dafür, dass er über den Umweg dieser Ehebruch-Recherche einen so interessanten Mann kennen gelernt und sie ihm den Zugang zu einer ganz neuen Welt ermöglicht habe.

Als Bühnenversion in der Inszenierung von Hall / Pinter (mit Vivien Merchant als Stella) konnte *Die Kollektion* jedoch nicht überzeugen, weil die vom Fernsehspiel übernommenen schnellen Szenenwechsel und Überblendungen zu verspielt wirkten und nur kurze Wortgefechte zuließen. Das verschachtelte Bühnenbild wirkte verwirrend; überflüssig erschienen auch die allzu aufdringlich eingesetzten Pausen, die neben den längeren Lichtwechseln und Ausblendungen für ein irritierendes Timing sorgten. Eine schlüssige Antwort auf die Frage, was tatsächlich im

Zimmer 165 im Westbury Hotel in Leeds passierte, gibt es nicht. Die Geschichte von Stellas Seitensprung dürfte ein Resultat ihrer Phantasie sein, auch wenn sie behauptet, ihr überarbeiteter Ehemann James habe sich diese abstruse Episode ausgedacht. Bill bestreitet anfangs, Stella überhaupt einmal begegnet zu sein, bestätigt dann aber einige der von ihr beschriebenen Fakten – aus Spaß an einem Verwirrspiel. Das treibt er noch auf die Spitze, indem er schließlich behauptet, er und Stella hätten sich im Hotel zwar im Gespräch einen möglichen Ehebruch in allen Details ausgemalt, doch sei es nie dazu gekommen. Als ironische Pointe muss Bills Behauptung verstanden werden: *Die Wunde verheilt doch bestimmt, wenn die Wahrheit herausgefunden wurde, nicht wahr? Ich meine, wenn die Wahrheit verifiziert wurde? Ich hätte angenommen, das wäre der Fall.*[109] Mit James' an Stella gerichteter Frage: *Das ist die Wahrheit nicht wahr?* endet das Stück. Die Bühnenanweisung kommentiert: *Stella schaut ihn an, seine Frage weder verneinend noch bejahend.*[110]

Das zuweilen unberechenbare Rollenspiel, das Bill in der Konfrontation mit James praktiziert, kann ebenso als Vorspiel zum stark beachteten, mehrfach ausgezeichneten TV-Spiel *Der Liebhaber* verstanden werden wie Bills kritische Anmerkung zur Institution Ehe. Als Frustopfer dieser ritualisierten Beziehungsform hätten Frauen eben schon mal einen Anfall von übersteigerter Sinnlichkeit, meint Bill dort beruhigend zum verstörten James.

Um Möglichkeiten, die nur noch schwach köchelnde Libido eines Paars in der Vorstadt wieder zu entflammen und die Ehe mit aufregenden Rollenspielen zu neuem Leben zu erwecken, geht es in *Der Liebhaber*. Das von Associated Rediffusion 1963 gesendete TV-Spiel gewann den Prix Italia sowie den Preis der «Guild of British Television Producers and Directors» für Drehbuch und Darsteller. Die Bühnenversion wurde im September im Londoner Arts Theatre als Einakter zusammen mit *Die Zwerge* unter der Regie von Harold Pinter aufgeführt. Zu den vielen Überraschungsmomenten dieser Sex-in-the-Suburb-Episode gehört die vom Ehepaar Sarah und Richard demonstrierte Nonchalance, mit der beide über Sarahs Liebhaber und Richards Hure sprechen. Richard erkundigt sich vor seiner morgendlichen Fahrt zum Büro interessiert, wann Sarah ihren Liebhaber erwartet, ob beide dann zu Hause bleiben oder ausgehen wollen. Als Richard aus dem Büro zurückkehrt und

Boy Gobert als Richard und Ingrid Andree als Sarah in «Der Liebhaber». Regie: Boy Gobert, Thalia Theater Hamburg, 1970

sich bei Sarah nach dem Verlauf des Schäferstündchens mit ihrem Liebhaber erkundigt, deutet sich das Unbehagen des Ehemanns an diesen regelmäßig stattfindenden Sex-Sessions an. Wie die folgenden Szenen zeigen, in denen Richard als machohafter Max mit Lederjacke auftritt und die laszive Sarah bei aufreizendem Trommelwirbel verführt, spielt Richard diesen regelmäßig erscheinenden Liebhaber, Sarah spielt die nymphomane Hure Dolores. Es handelt sich bei Richard also nicht um moralische Bedenken, sondern um eine sich manifestierende Desorientierung. Er befürchtet, bei diesen Rollenspielen seine eigene Identität zu verlieren, und möchte die Erotikspielchen daher beenden. Doch die liebeshungrige Sarah besteht auf ihrem Rollenspiel – Max muss sie in Zukunft abends weiter beglücken.

In einer Zeit, als der britische Zensor, mit dem Pinter auch Kontroversen wegen der Aufführung von *Landschaft* austrug, gnadenlos jedes Four-Letter-Word beanstandete und sexuelle Freizügigkeit in den Medien noch extrem tabuisiert war, erschien *Der Liebhaber* äußerst riskant und beinah obszön.

Daher sind die Kommentare, die Pinter als Regisseur den Schauspielern über die Figuren Richard und Sarah und ihren bürgerlichen Hintergrund vor den Proben mit auf den Weg gab, nicht nur wegen ihrer selbstironischen Distanz zum angeblich verschwiegenen Dramatiker erhellend. *Sie nehmen am Jägerball teil, spielen Golf. [...] Sie werden gesellschaftlich bewundert – ein durch und durch nettes Paar. Ihr obsessives Privatleben verleiht ihrem Leben voller Routine einen Kick. Sarah ist Mitglied in lokalen Komitees, aber nicht in der Theatergruppe. [...] Ihre Phantasien fingen als Witz an. Vielleicht fand er eines Tages, als er nach Hause kam, einige alte Klamotten in der Garage und zog sie an, um seine Frau zu belustigen. «Ist Ihr Mann zu Hause?», fragt er, als sie die Haustür öffnet. «Nein», antwortet sie, amüsiert. «Kann ich reinkommen? Ich wollte Sie schon längst kennen lernen.» Sie lässt ihn herein, ganz entflammt vor sexueller Erregung, was sie so noch nie gekannt hatte. Sie hatten dann wahrscheinlich Sex auf dem Teppich. Kinder? [...] Entweder konnten sie keine haben, oder es passte ihnen nicht in ihre Lebensplanung. Der Dramatiker hat uns darüber nichts mitgeteilt.*[III]

Die Beschäftigung mit erotischen Phantasien, das Protestpotenzial, das die Darstellung sexuell freizügiger Szenen bot, hat Pinter stark fasziniert. Ruths in der *Heimkehr* gezeigten Verführungskünste, der vulgäre Jargon sowie die lakonisch verhandelten materiellen Rahmenbedingungen für Ruth, die als Prostituierte für Max und seine Sippe anschaffen soll, hatten in London, Berlin, Hamburg und New York zahlreiche Zuschauer zu lautstarken Protesten und wütenden Abgängen provoziert. Peter Hall, der *Die Heimkehr* 1967 am Broadway inszeniert hatte, berichtet in seinen Tagebüchern, dass die amerikanischen Zuschauer sich besonders über den zweiten Akt mit seinen freizügigen Passagen und vulgären Kraftausdrücken aufregten und lärmend aus dem Theater stürmten. Daraufhin verlangte der irritierte amerikanische Theaterproduzent von Pinter, den zweiten Akt umzuschreiben, was der wütende Autor jedoch vehement ablehnte. Das Stück wurde in New York trotzdem ein Hit und erhielt als bestes Stück den Tony Award sowie den Preis der New Yorker Theaterkritiker.

Pinter war Mitte der 6oer Jahre auch vorübergehend daran interessiert gewesen, zusammen mit dem Kritiker und Dramaturgen des National Theatre, Kenneth Tynan, dessen Lieblingsprojekt einer Softporno-Revue, nämlich «Oh, Calcutta», zu inszenieren. Er beteiligte sich dann doch nicht an der Revue, die Tynan 1969 allein realisierte. «Oh, Calcutta» sorgte für Furore, da es viel nacktes Fleisch zu sehen gab.

Zu dieser Zeit, als er *Die Kollektion* und *Der Liebhaber* schrieb, gab es zwischen Pinter und Vivien Merchant immer häufiger heftige Auseinandersetzungen und Krisen. Sie mokierte sich während der Proben oft über eine vermeintlich hochtrabende Fachsimpelei der Theaterleute. Für sie war die Schauspielerei ein Handwerk, das mit dem gründlichen Studium der Rolle und des Stücks, ohne intensive Hintergrundaufklärung und Deutungsversuche, meistens recht gut gelang. Wozu also die langen Diskussionen und die Kommentare zu den Figuren oder zum Plot? Intellektuelles Gehabe war ihr zutiefst zuwider, außerdem empfand sie eine herzliche Abneigung gegen den Promi-Bonus bekannter Künstler. Kenneth Tynan erlebte eine total indisponierte Vivien Merchant bei einem von ihm und seiner Ehefrau Kathleen veranstalteten Dinner. Er hatte neben dem Ehepaar Pinter auch Lord Snowdon und Prinzessin Margaret sowie den aus der legendären Revue «Beyond the Fringe» bekannten Schauspieler Peter Cook eingeladen. Der peinlich berührte Gastgeber, der Vivien Merchant mit Prinzessin Margaret bekannt machen wollte, musste erleben, wie die Schauspielerin die ihr zur Begrüßung hingestreckte Hand ignorierte. Snowdon hatte gerade Fotos von Vivien Merchant in Stratford gemacht, wo sie die Lady Macbeth spielte. Ihn brüskierte sie mit der keineswegs ironisch gemeinten Bemerkung: «Wir Künstler lassen uns nur von Ihnen ablichten, weil Sie mit der da verheiratet sind»[112] – wobei sie mit dem ausgestreckten Finger in der Luft herumstocherte und auf Prinzessin Margaret zeigte. Pinters Freunde berichten auch davon, dass sie sich bei den Dreharbeiten des Films «Accident» in einer Szene beim Cricketspiel demonstrativ eine Zeitung vors Gesicht gehalten habe, um sich den Anblick des öden Rituals der ganz in Weiß kämpfenden Rasenritter zu ersparen. Für den Cricket-Fan Pinter war dies natürlich ein schwerer Affront. Welchen Stellenwert dieser Gentleman-Sport für ihn besitzt, zeigt übrigens auch die Tatsache, dass Pinter auf seiner Homepage www.pinter.org einen Link zum Thema Cricket mit Informationen über diverse Aktivitäten seines Vereins und kuriosen Anekdoten eingerichtet hat. Seine besten Freunde sind Cricketspieler, wie etwa der Kritiker und Dozent Ian Smith, der Mitglied in Pinters Cricket-Club Gaieties CC ist und ein stolzes Batting Average (Schlagdurchschnitt) von 71 vorweisen kann, wie Pinter im Vorwort zu dem von Smith herausgegebenen Band «Pinter in the Theatre» betont. Und Michael Billington, der den hohen Stellenwert des Crickets in Pinters Leben genau kennt, meinte einmal in einer Radiosendung: «Er würde sofort alles andere aufgeben, um Englands bester Cricket-Allrounder zu sein.»[113]

Ich neige dazu, Cricket für das Größte zu halten, was Gott je auf Erden schuf. [...] Auf jeden Fall ist Cricket großartiger als Sex, obwohl Sex auch nicht schlecht ist. Aber jeder weiß, was zuerst kommt, wenn es um Cricket oder Sex geht – alle kritischen Köpfe wissen das. Außerdem, das sollte man nicht vergessen, muss man ja beides nicht zur selben Zeit tun. Man kann ja Sex vor dem Cricket oder auch danach haben, das Entscheidende ist aber, dass Cricket im Mittelpunkt steht. [...] Also wenn ich ganz ehrlich bin, muss ich auch sagen, dass Cricket für mich England bedeutet [...].
Pinter in einem «Observer»-Interview, 1980 (IS S. 75)

Zur Verschärfung der Ehekrise trug sicher auch bei, dass Vivien Merchant offenbar von einem routinemäßigen, arbeitsteiligen Automatismus in der Autor-Schauspieler-Beziehung ausging und jede weibliche Hauptrolle, die ihr Mann in einem Stück vorgesehen hatte, für sich beanspruchte, sich damit aber auch besonders abhängig machte. Die mit betörendem Sex-Appeal ausgestattete Schauspielerin hatte ja bereits in den meisten Pinter-Stücken und TV-Spielen große Rollen erfolgreich gespielt und als lasziv-unterkühlte Ruth in der epochalen Inszenierung von Peter Hall am Aldwych Theatre 1965 wahre Triumphe gefeiert. Als Pinter dann 1968 ankündigte, die Rolle der Beth in der bedächtigen, fast monologhaften Reminiszenz *Landschaft* von Peggy Ashcroft spielen zu lassen, war sie daher zutiefst gekränkt und empört. In dieser turbulenten Phase dauerte Pinters Affäre mit der TV-Moderatorin Joan Bakewell, die er 1962 kennen gelernt hatte, noch an. Diese Beziehung beendete Pinter erst 1969. Er hat die Stadien dieser Beziehung 1978 in *Betrogen* zwar Revue passieren lassen, dabei ging es ihm jedoch hauptsächlich um den Selbstbetrug aller Protagonisten. Schließlich wussten alle Beteiligten von dieser Beziehung, verheimlichten dies jedoch gegenüber ihren Freunden und Ehepartnern.

Spekulationen darüber, ob Pinter seine Ehekrise mit den erotischen Rollenspielen im *Liebhaber* oder mit den Nachforschungen über einen möglichen Seitensprung in *Die Kollektion* kompensieren oder aufarbeiten wollte, sind ebenso müßig wie Schuldzuweisungen, die nach dem Tod von Vivien Merchant aufkamen. Sie hatte weder die Scheidung noch Pinters zweite Ehe mit Lady Antonia Fraser verkraftet und sich offenbar in einer Phase zweijährigen intensiven Alkoholkonsums und totaler Depression 1982 mit dreiundfünfzig Jahren zu Tode getrunken.

Familienbande

Was hast du mit der Schere gemacht?, fragt Max, robuster siebzigjähriger Schlachter im Ruhestand, seinen auf dem Sofa sitzenden, Zeitung lesenden dreißigjährigen Sohn Lenny. Der überhört die Frage erst mal, dann antwortet er gelassen: *Wieso hältst du nicht die Klappe, du Volltrottel?*[114] So beginnt das 1965 von Peter Hall am Aldwych Theatre inszenierte und sofort stark umstrittene Stück *Die Heimkehr*, das dann in kurzer Zeit auch in Deutschland auf vielen großen Bühnen aufgeführt wurde und dem großartigen Mimen Bernhard Minetti als Max in der Berliner Schloßparktheater-Inszenierung von Hans Schweikart zu einer Glanzrolle verhalf.

Das Stück ist aufgrund der dynamisch-aggressiven Interaktionen im verschlampten Londoner Familienverband zwischen Max und dem Zuhälter Lenny, dem tumben Möchtegern-Boxer Joey sowie dem servilen Onkel Sam, der meistens als pedantischer Privat-Chauffeur mit seinem gepflegten Humber Supersnipe unterwegs ist, ebenso irritierend wie bestechend. Da ist die rätselhafte Gelassenheit des Philosophie-Professors Teddy, der nach jahrelanger Abwesenheit völlig überraschend aus den USA nach London kommt, um seiner Familie einen Besuch abzustatten und seine Ehefrau Ruth vorzustellen. Nun nimmt er ungerührt zur Kenntnis, dass seine Frau Sex mit Lenny und Joey hatte und sogar einwilligt, für die verluderten Verwandten in London auf den Strich zu gehen, anstatt mit ihm in die USA zurückzukehren. Geht es hier also nur um Teddys Heimkehr zu seinen Wurzeln oder auch um die von Ruth? Schließlich war sie ja Fotomodell gewesen, bevor sie den in die USA ausgewanderten Teddy heiratete. Ein gewisses Faible fürs Strich-Milieu scheint ihr nicht fremd zu sein. Pinter versieht den ungewöhnlichen Plot mit einer überraschenden Volte: Ruth ist nämlich keineswegs das passive Objekt viriler Begierden, sondern sie genießt am Ende ihre neue Machtposition und manipuliert die auf sie fixierten aufgegeilten Männer, die ihr fast alle Wünsche erfüllen wollen. Es ist auch nicht sicher, ob sie die anvisierte Prostituiertenkarriere überhaupt einschlagen wird. Denn es geht

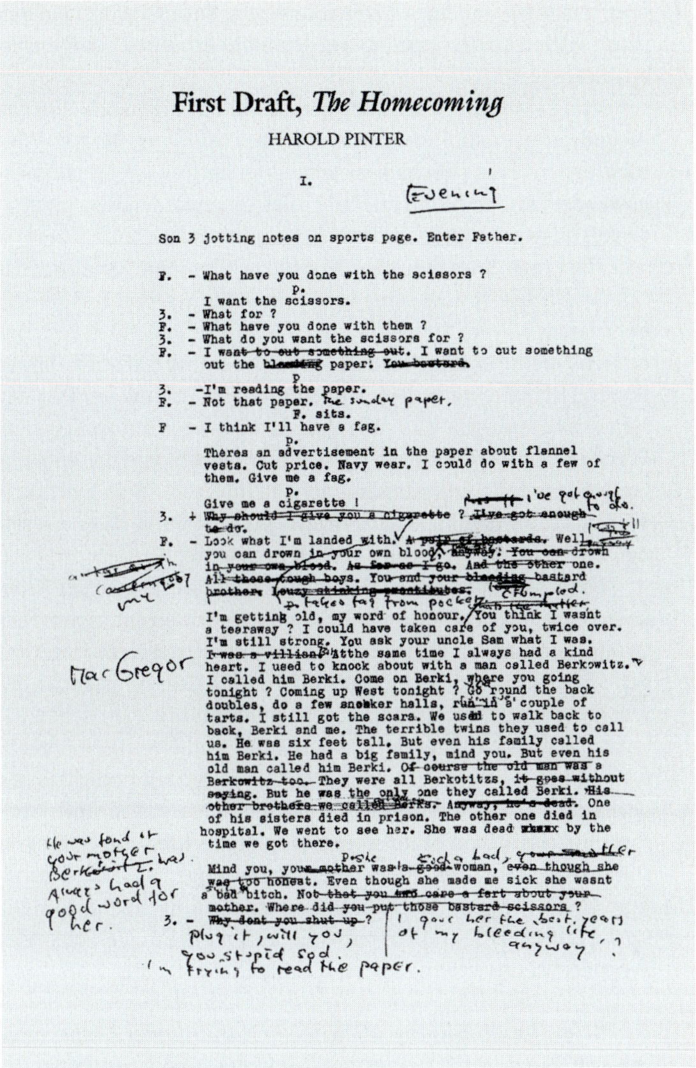

First Draft, *The Homecoming*

HAROLD PINTER

I.

Evening

Son 3 jotting notes on sports page. Enter Father.

F. – What have you done with the scissors ?

P.

I want the scissors.

3. – What for ?

F. – What have you done with them ?

3. – What do you want the scissors for ?

F. – I ~~want to cut something out~~. I want to cut something out the ~~bleeding~~ paper. ~~You bastard.~~

P

3. –I'm reading the paper.

F. – Not that paper. the sunday paper.

F. sits.

F – I think I'll have a fag.

P.

Theres an advertisement in the paper about flannel vests. Cut price. Navy wear. I could do with a few of them. Give me a fag.

P.

Give me a cigarette ! I've got enough to do.

3. + ~~Why should I give you a cigarette~~ ? ~~I've got enough to do.~~

F. – Look what I'm landed with. ~~A pair of bastards.~~ Well you can drown in your own blood, ~~anyway. You can drown in your own blood. As far as I go. And the other one. All those tough boys. You and your bleeding bastard brother. Lousy stinking prostitutes.~~

P. takes fag from pocket

I'm getting old, my word of honour. You think I wasnt a tearaway ? I could have taken care of you, twice over. I'm still strong. You ask your uncle Sam what I was. ~~I was a villian.~~ At the same time I always had a kind heart. I used to knock about with a man called Berkowitz. I called him Berki. Come on Berki, where you going tonight ? Coming up West tonight ? Go round the back doubles, do a few snooker halls, run in a couple of tarts. I still got the scars. We used to walk back to back, Berki and me. The terrible twins they used to call us. He was six feet tall. But even his family called him Berki. He had a big family, mind you. But even his old man called him Berki. ~~Of course the old man was a Berkowitz too.~~ They were all Berkotitzs, ~~it goes without saying~~. But he was the only one they called Berki. ~~His other brothers we called Berks. Anyway, he's dead.~~ One of his sisters died in prison. The other one died in hospital. We went to see her. She was dead ~~xhmxx~~ by the time we got there.

MacGregor

He was fond of your mother Berkowitz was. Always had a good word for her.

Mind you, your ~~mother~~ was ~~a good~~ woman, ~~even though she was too honest~~. Even though she made me sick she wasnt a bad bitch. Not ~~that you care a fart about your mother. Where did you put those bastard scissors~~ ?

3. – ~~Why dont you shut up~~ ? Plug it, will you, you stupid sod. I'm trying to read the paper.

I gave her the best years of my bleeding life, anyway.

Erster Entwurf der «Heimkehr»: Die Bühnenfiguren besitzen noch keine Namen, doch der Vater hat schon den berühmten ersten Satz «Was hast du mit der Schere gemacht?» an seinen missratenen Sohn gerichtet.

hier vorrangig um einen Machtkampf; für Ruth ist entscheidend, ihren Willen durchzusetzen und den Männern ihre Bedingungen zu diktieren.

Wie kam Pinter auf dieses Thema? Er hat die Geschichte des Jugendfreundes und Mitglieds der Hackney-Gang, Morris Wernick, der 1956 eine «Schickse» geheiratet hatte, nach Kanada ausgewandert und in Montreal Uni-Professor geworden war, phantasievoll ausgeschmückt und weitergesponnen. Wernick stammte wie Pinter aus einer jüdischen Familie, wollte seine Familie nicht mit der Nachricht über seine Mischehe verstören und ließ sie darüber lange Zeit im Unklaren. Erst 1964, während eines Londonbesuchs, stellte er seine Frau der Familie vor und traf auch Harold Pinter. Der hatte nach dem Treffen mit dem Freund den Plot der *Heimkehr* entworfen und Wernick darüber auch informiert. Für Wernicks Geheimnistuerei hatte Pinter jedoch, wie die anderen Freunde auch, kein Verständnis gehabt. Im Nachhinein hielt auch Wernick seine damalige Entscheidung für unsinnig, da er von seinen Eltern keine Vorwürfe zu befürchten hatte.

Die grotesk-paradoxen Kommunikationsstrukturen der *Heimkehr* verdeutlichen, dass es innerhalb dieser eigenartigen Peer Group zwar um eskalierende Dispute mit aggressivem Unterton geht. Doch diese stellen eingeschliffene Verhaltensmuster dar, die wie in einem geschlossenen Regelsystem mit symmetrischen Eskalationsstufen kollaborativ ablaufen. Es sind eigentlich Sprechakte, die aggressives Verhalten implizieren, jedoch innerhalb des akzeptierten Familiennetzwerks artikuliert werden und trotz ihres aggressiv-hämischen Untertons ein wechselseitiges Einverständnis signalisieren. Auch wenn diese Clique, wie Max konstatiert, ihren niederen animalischen Instinkten nachgeht, so stellt sie die Einheit des Familienverbands doch nicht infrage. Folgender Wortwechsel zwischen Max und Lenny illustriert dies.

MAX Mac mochte deine Mutter. Sehr. Hat ihr immer Komplimente gemacht. PAUSE. Na ja, sie war auch gar nicht so übel. Ich hab zwar das Kotzen gekriegt, wenn ich ihre Scheißfresse nur gesehen hab. Aber sie war gar nicht so übel, die Schlampe. Jedenfalls hab ich ihr meine besten Jahre geopfert.

LENNY Schnauze, du blödes Arschloch. Ich les hier die Zeitung.

MAX *Hör mal! Red nicht so mit mir oder ich mach Hackfleisch aus dir! Kapiert? So redest du nicht mit deinem verwanzten Vater!*

LENNY *Ich sag's dir, langsam verblödest du.* PAUSE. *Was ist mit Second Wind, jetzt im Rennen um halb vier?*

MAX *Wo?*

LENNY *Sandown Park.*

MAX *Der hat keine Chance.*

LENNY *Aber klar.*

MAX *Keine Chance.*

LENNY *Der wird Sieger.*[115]

Mit moralisch-ethischen Kategorien ist diesem im wertfreien Raum ausgetragenen Geplänkel und dem später um Ruths Prostituiertenkarriere kreisenden Greek-Street-Planspiel nicht beizukommen. Da empört sich Lenny etwa über den unverschämten Teddy, der ihm sein Käsebrötchen wegnahm, doch den Plan, die Frau seines Bruders auf den Strich zu schicken, hält er für völlig akzeptabel. Oder Max überlegt, wie man die attraktive Ruth im Haus behalten könnte – vielleicht mit großzügigen Spenden der Jungs? Lenny und Joey wären damit einverstanden, doch über Teddys Ablehnung, auch eine Spende in den Hut für seine eigene Frau zu tun, reagiert er aufgebracht.

Weit entfernt davon, hier den ödipalen Wunschtraum von der Eroberung der Mutter zu thematisieren, wie Martin Esslin behauptete, beschreibt Pinter hier wieder einmal den Kampf um Positionen als verbalstrategisches Planspiel. Die von Lenny und Joey anfangs noch zögerlich ins Spiel gebrachten Ideen vom Apartment in der Greek Street, die allmählich zu konkreteren Angeboten führen, erwidert Ruth wie bei einem Schachspiel mit einer entsprechenden

«Ich weiß auch, dass die Intensität der Gefühle, die unter einem Pinter-Text stecken, so extrem ist, so äußerst brutal […]. Mein Vokabular bezieht sich immer auf Feindseligkeit und Schlachten und Waffenarsenale, aber so operieren Pinters Figuren eben. Als würden sie alle durch den Dschungel streifen, um sich gegenseitig umzubringen, dabei aber die Tatsache verschleiern, dass sie es auf Mord abgesehen haben. Und dabei ist von entscheidender Bedeutung, ob sie das Gesicht eines anderen sehen können oder nicht, ob sie dem Blick eines anderen standhalten können oder nicht, das ist der kritische Augenblick.»
Regisseur Peter Hall über das Inszenieren von
Pinters Dramen (IS S. 139)

Riposte auf eine scharfe Gambitvariante. Für Ruth ergibt sich aus Lennys Angebot eine stimulierende Abwechslung, die ihr vorerst verlockender erscheint als das in Routine erstickende College-Leben in den USA. Ihr Motto scheint zu sein: Erst mal sehen, wie weit die gehen wollen und was wirklich daraus wird. Sie hat jedenfalls am Ende des Stücks die Fäden in der Hand und kann die Bedingungen für dieses Planspiel diktieren. Die Frage bleibt allerdings offen, ob der eiskalte Teddy, der Ruths Entscheidung mit stoischer Indifferenz zur Kenntnis zu nehmen scheint, wegen seiner unterdrückten Aggressionen tatsächlich der unsympathische Außenseiter in diesem Spiel ist, wie Michael Billington, Peter Hall und Paul Rogers, der Max der Londoner Uraufführung, behaupten.[116] Kann es nicht sein, dass Teddy das Powerplay von Ruth durchschaut hat und sich insgeheim darauf einrichtet, seine Frau bald wiederzusehen, weil ihre hochgeschraubten Ansprüche kaum erfüllt werden können und sie dieses Arrangement vielleicht nur auf dem Papier einging, um ihre Machtposition auszukosten? Oder ist Teddy etwa froh, nach sechsjähriger Ehe endlich seine hoffnungslos nymphomane Frau loszuwerden? Pinter, bereits mit dem «Diener»-Drehbuch als subtiler Analytiker des Herr-Knecht-Verhältnisses ausgewiesen, hat hier mit einer ironischen Dialektik das scheinbar eindeutige Machtverhältnis auf den Kopf gestellt, indem er das weibliche Opfer, das offensichtlich als Sexualobjekt ausgebeutet werden soll, über die vermeintlichen Täter bestimmen lässt und diese folglich in die Rolle abhängiger Assistenten drängt.

Friedrich Lufts zwischen Ekel und Bewunderung schwankendes irritiertes Fazit nach Minettis grandiosem Berliner Auftritt als «diktatorischer Schweinigel» Max kann hier stellvertretend für viele andere zitiert werden, die sich der Faszination des Stücks nicht entziehen konnten, mit einer Deutung dieser «Magie des Ordinären» jedoch überfordert fühlten. «Pinter dringt anhand von Jargon und Gequassel immer wieder in andere Schichten vor. Das ist stupend und hört nicht auf zu interessieren. Der Mann schreibt mit doppelter Tinte. Scheinbar ganz Ordinäres kriegt Sinnhaftigkeit, Ambivalenz und eine traurige Symbolkraft, die es, ginge es mit untalentierten Dingen zu, gar nicht haben dürfte. Der ekelhafte Abend ist rätselvoll und ständig beschäftigend. [...] Minetti spielt den alten Höllenhund, Haustyrannen, Schweinigel und

Der grandiose Mime Bernhard Minetti in Hans Schweikarts Berliner Inszenierung als «diktatorischer Schweinigel» (Friedrich Luft) Max in «Die Heimkehr», 1965. Foto von Ilse Buhs

tränenfeuchten Vater wunderbar ekelhaft vor. […] Ich habe mich bei einem so widerlichen Stück so gut und streckenweise so lustig lange nicht mehr unterhalten.»[117]

Mit der turbulenten, umstrittenen *Heimkehr* war Pinter nun neben John Osborne zum bekanntesten englischen Nachkriegs-

«Mich faszinierte die absolute Unerschütterlichkeit dieses noch kernigen, also nur scheinbar alten Mannes. Ich fühlte mich in dieser Rolle so wohl, als wäre das meine eigene Existenz, obwohl ich doch viel jünger war als der, den ich zu spielen hatte. Der sensible Schweikart hatte für mein Hineintauchen in die Rolle das beste Verständnis. ‹Ich brauche dir gar nichts zu sagen›: das Wort war die von ihm angewandte Regie zu Max. Ich wurde zum ersten Mal ‹Schauspieler des Jahres›, aber das Publikum verdaute das Stück nicht. Seine ungenierte Drastik wurde als Skandal empfunden. ‹Ihr Säue›, schrie einer von unten, ich spielte das Stück natürlich umso konzentrierter realistisch. Ähnlich schwierig erwies sich das Stück später in Hamburg, wo ich gastierte; die evangelische Kirche (Pastor Thielicke) protestierte öffentlich. Sie setzte sich nicht durch.»
Bernhard Minetti über seine Rolle als Max in *Die Heimkehr* am Schloßparktheater Berlin, 1965. In: Erinnerungen eines Schauspielers, S. 243

dramatiker avanciert. Er war insofern eine rare Ausnahmeerscheinung, als ihm das Kunststück gelungen war, in mehreren Medien zugleich erfolgreich zu sein: Nicht nur mit den Dramen, sondern auch mit seinen TV-Spielen, Drehbüchern und Hörspielen hatte er sich inzwischen einen Namen gemacht. Zudem trat er gelegentlich noch als Schauspieler auf – etwa 1968 in Watford als Lenny in der *Heimkehr* – und inszenierte selten gespielte Stücke wie etwa «Exiles» von James Joyce. Wie er 1970 in seiner Hamburger Dankesrede anlässlich der Verleihung des Shakespeare-Preises bekannte, bestand nun aber auch die Gefahr, als ausgebrannter Autor Opfer einer Schreibblockade zu werden. Seine große künstlerische Vielseitigkeit, das Jonglieren zwischen Drehbuch, Theater, Hörspiel und TV-Spiel, ist daher auch als Reaktion auf einen befürchteten kreativen Stillstand zu verstehen. Kein Wunder also, dass Pinter 1966, nach der Verleihung des CBE (Commander of the Order of the British Empire), so unterschiedliche Projekte wie die Anfertigung der Drehbücher für den Spionagekrimi «Das Quiller Memorandum» und den Joseph-Losey-Film «Accident – Zwischenfall in Oxford» verfolgte und außerdem die Stücke *Landschaft* und *Schweigen* verfasste.

Aufgrund von Problemen mit der Zensur, die Four-Letter-Words wie «shit», «piss» und «fuck» beanstandete, die Pinter nicht entfernen wollte, wurde *Landschaft* zuerst im BBC-Hörfunk gesendet, wo diese Zensurbestimmungen nicht gelten. Der als Zweipersonenstück angelegte Einakter ist allerdings so handlungsarm und eintönig, dass er auch als Hörspiel keine neuen Facetten gewinnt. Es geht um die Erinnerungen des Paares Beth und Duff, die zurückblicken auf romantisch verklärte Liebesepisoden und Begegnungen. Da beide Figuren nicht entwickelt werden und in ihrer statischen monologischen Rückbesinnung verharren, ohne auf die Beschreibungen des Partners einzugehen, ergibt sich ein Muster ermüdenden, senilen Aneinandervorbeiredens. Die beiden Monologe sollen sich zwar ineinander verschränken und demonstrieren, dass beide eine gemeinsam erlebte Liebesszene beschreiben. Andererseits gibt es Hinweise, die einen gemeinsamen Bezugspunkt wieder infrage stellen.

Der sonst auf zurückhaltende Werk-Kommentare bedachte Dramatiker hatte damals für die Hamburger *Landschaft / Schweigen-*

Inszenierung des sensiblen Pinter-Spezialisten Hans Schweikart einige Anmerkungen verfasst, die der Regisseur im Programmheft des Schauspielhauses veröffentlichte. *Mein wichtigster Hinweis zu ‹Landschaft› ist, daß das Stück zwar aus zwei Monologen zu bestehen scheint, es in Wirklichkeit aber nicht ist. [...] Beth ist nicht verrückt, noch ist sie taubstumm. Sie hört ihn sprechen, aber ihre eigene Möglichkeit, sich gegen seine Stimme zu verteidigen, liegt darin, auf ihren Gedanken zu bestehen, auf dem, was sie als ihre wahre Erinnerung ansieht. Aber natürlich kann sie ihn niemals wissen lassen, daß sie ihn hört [...].* [118] Darüber war Pinter jedoch äußerst aufgebracht – er hatte den Brief an Schweikart als private, nicht für die Öffentlichkeit bestimmte Mitteilung verstanden. Offensichtlich lässt Pinter sich gelegentlich zu Kommentaren, gut gemeinten Hilfestellungen und Interpretationsversuchen hinreißen, die er später dann bereut. Sollte das Stück jedoch nicht, wie er selbst immer wieder forderte, für sich sprechen und solche Deutungsversuche ex cathedra überflüssig machen?

Die Vergangenheit ist ein fernes Land

Nach der erfolgreichen Zusammenarbeit mit Joseph Losey bei der Verfilmung von «Der Diener» und «Accident» verfasst Pinter 1969 das Drehbuch für Loseys Verfilmung des Romans «Der Mittler» von L. P. Hartley. Der Film (mit Julie Christie, Alan Bates, Edward Fox und Dominic Guard) gewann bei den Filmfestspielen in Cannes 1971 die Goldene Palme und wurde von der «Society of Film and Television Arts» als bester Film und für das beste Drehbuch ausgezeichnet. Diese Geschichte vom dreizehnjährigen Leo Colston, der im Jahr 1911 seine Ferien bei einem Freund auf einem Landadelssitz in Norfolk verbringt, beschreibt in raffinierten Rückblenden die Loyalitätskonflikte des Jungen, der für Marian, die Tochter des Hauses, heimlich Liebesbotschaften an den benachbarten Farmer Ted Burgess überbringen soll. Die Brisanz dieser Mission als «Go-Between» – so der Originaltitel – zwischen dem Liebespaar liegt darin, dass Marian von ihrer Familie zur Heirat mit dem standesgemäßen Lord Trimingham gedrängt wird. Leo befindet sich also in einem moralischen Dilemma: Er will sich als Gast der Familie nicht undankbar zeigen, möchte aber auch nicht die Sympathien von Marian und Ted verlieren. Leo bekommt Probleme, als er bei einer Notlüge ertappt wird und Marians Mutter zum Liebesnest führt, wo das Paar in inniger Umarmung entdeckt wird. Das Motto des Romans, *Die Vergangenheit ist ein fernes Land, man lebt dort anders*[119], ist auch im Film als Vorspann eingesetzt und verweist auf ein Leitmotiv, das für Pinter nun auch in seinen Stücken, vor allem im 1971 von Peter Hall am Aldwych Theatre mit Colin Blakeley, Dorothy Tutin und Vivien Merchant inszenierten *Alte Zeiten*, einen besonderen Stellenwert einnimmt. Denn nach der Erweiterung der engen räumlichen Dimensionen seiner ersten Stücke, die für Pinter nach den Außenaufnahmen der *Hausmeister*-Dreharbeiten auch zur thematischen Verlagerung auf Aspekte jenseits der Eingeschlossenheit und Bedrohung durch die Außenwelt wurde, entdeckt er nun die Erweiterung einer zeitlichen Dimension, die

Pinter (rechts) mit Alan Bates (links) bei den Dreharbeiten von «Der Mittler»

durch diffuse Erinnerungsprozesse oder eine bewusste Umdeutung vergangener Ereignisse für das Durchsetzen eigener Interessen – etwa beim Wiedergewinnen verlorener Zuneigung – instrumentalisiert werden kann.

Die ins Irrationale abdriftende Beschäftigung mit vergangenen Ereignissen, die offen lassen muss, was sich tatsächlich ereignete und was nur ein instrumentalisierter Aspekt eigenen Wunschdenkens ist, hatte Pinter ja schon in *Die Geburtstagsfeier* und *Die Kollektion* thematisiert. In seiner faszinierenden Drehbuchversion des «Go-Between» variiert er die aus der Retrospektive verlaufene Erzähltechnik des Romans und arbeitet mit einer neuen Technik, die man als «Flash-Forward», also Vorblende, bezeichnen kann. Zugleich trennte er Ton und Bild und zwang damit zwei Zeitabläufe auf eine Ebene, um die Ungleichzeitigkeit der Eindrücke und Erfahrungen zu betonen. Die Vergangenheit wird hier also nicht nostalgisch idealisiert, sondern zum prägenden Faktor für das gegenwärtige Bewusstsein. Der greise Colston erkennt bei der von schmerzlichen Erinnerungen durchsetzten Wiederbegegnung mit der gealterten Marian, die ihn noch einmal als Boten bemüht, um ihrem Enkel die damaligen Ereignisse zu erklären, wie stark ihn die damaligen Vorgänge geprägt haben.

Diese mehrdimensionale, raffinierte Form der Vergangenheitsbewältigung, die er 1981 auch so effektvoll im Drehbuch von «Die Geliebte des französischen Leutnants» betreibt, schiebt sich jetzt in den Mittelpunkt von Pinters Schaffen. Über ein Jahr lang arbeitet er intensiv am Drehbuch für das von Joseph Losey geplante Proust-Projekt. Eine Verfilmung von «Auf der Suche nach der verlorenen Zeit» kommt wegen gravierender Budgetprobleme zwar nicht zustande, doch 1978 erscheint *The Proust Screenplay* als Buch, im Dezember 1995 wird es als Hörspiel gesendet, und eine Bühnenversion wurde 2000 im National Theatre aufgeführt. Pinter hat diese Proust-Periode übrigens *als spannendstes Jahr meines Lebens* bezeichnet.[120] Das bekannte Zitat aus *Alte Zeiten*, nämlich Annas Feststellung: *Es gibt Dinge, an die man sich erinnert, obwohl sie sich vielleicht nie ereigneten. Es gibt Dinge, an die ich mich erinnere, die sich vielleicht nie ereigneten, aber so, wie ich sie mir ins Gedächtnis zu-*

Zum Tee die obligatorische Madeleine: Das große Proust-Projekt mit Joseph Losey, für das Pinter das Drehbuch entwickelte, scheiterte zwar, doch die Regisseurin Di Trevis inszenierte 2000 eine Bühnenversion am Londoner National Theatre. Sebastian Harcombe spielte den Schriftsteller, der auf sein Leben zurückblickt. Foto von Catherine Ashmore

rückrufe, geschehen sie[121], verweist auf den Instrumentalcharakter und die Manipulierbarkeit der Erinnerungen. Anna, aus Sizilien nach London gereist, um Kate und deren Ehemann Deeley, einen Filmregisseur, zu besuchen, spekuliert und streitet mit den beiden darüber, was sich damals genau abspielte, als sie zwanzig Jahre zuvor im London der Nachkriegszeit in einem heruntergekommenen Kino den Film «Odd Man Out» sahen. Wie kam es zu ihren ersten Begegnungen? Hatte Deeley damals Anna in einer Kneipe an der Brompton Road kennen gelernt? Teilten Kate und Anna damals eine Wohnung? Dieses «Memory Game» entwickelt sich allmählich zu einem auf der Beziehungsebene ausgefochtenen Duell, da mit ihren Rückblicken auch Besitzansprüche reklamiert werden. Der verunsicherte Deeley befürchtet plötzlich, selbst zum «Odd Man Out» zu werden und seine Frau an Anna zu verlieren. Denn Anna will mit ihrer subjektiven Darstellung früherer enger freundschaftlicher Beziehungen zu Kate tatsächlich demonstrieren, dass ihr Kontakt zu Kate eigentlich auf einer intensiveren emotionalen Bindung beruhte als Deeleys Ehe mit Kate. Deeley und Anna buhlen also beide beim vermeintlich harmlosen Austausch gemeinsamer Erinnerungen um Kates Zuneigung. Diese rhetorischen Scharmützel laden die Rückblicke mit dramatischer Dynamik auf und machen *Alte Zeiten*, 1971 vom Magazin «Plays and Players» zum Stück des Jahres gewählt, ganz ohne vordergründige Effekthascherei faszinierend. Deeley droht durch die Beschreibungen der beiden Frauen und ihrer intimen, zwanzig Jahre zuvor gemachten Erlebnisse aus dem emotionalen Gleichgewicht zu geraten. Er kann nur mit Mühe suggerieren, innerlich doch halbwegs gefestigt zu sein, und beginnt am Schluss, als er sein zurechtgebogenes Erinnerungspuzzle als Wunschdenken entlarvt sieht, still in sich hineinzuschluchzen. Pinter hat die Kunst, diese emotionalen Abgründe unter scheinbar unverfänglichen Dialogsituationen aufscheinen zu lassen, hier eindrucksvoll perfektioniert, was Hans Schweikart in seiner Hamburger Inszenierung am Thalia Theater mit der grandiosen Besetzung Ingrid Andree, Ursula Lingen und Boy Gobert so unter die Haut gehend herausarbeitete, dass Friedrich Luft kommentierte: «Steht zu hoffen, daß es allenthalben auch nur annähernd so perfekt, so einleuchtend serviert wird wie [...] in Hamburg.»[122] Harold Pinter empfand es

Pinter mit dem Regisseur Hans Schweikart (hinten), Ursula Lingen, Boy Gobert und Ingrid Andree nach der Premiere von «Alte Zeiten» am Hamburger Thalia Theater, 1971

daher als skandalöse Dreistigkeit, dass Luchino Visconti in seiner Inszenierung am Teatro di Roma im Mai 1973 *Alte Zeiten* in einem Boxring mit zwei halb nackten Frauen arrangierte, mit handfesten stimulierenden Effekten und lautem Singsang zum begleitenden Klavier zu einer Art lesbischen Peep-Show montierte und das differenziert angelegte Erinnerungsduell so zu einer dümmlichen Travestie verkommen ließ. Er flog daher nach Rom und veranstaltete nach der Besichtigung dieser grotesken Farce eine Pressekonferenz, die einer wütenden Protestkundgebung gleichkam: *Noch nie habe ich eine Produktion gesehen, die so gleichgültig gegenüber den Absichten des Autors vorgeht und so gravierende, schockierende Verzerrungen fabriziert, die ich für eine Travestie halte. Ich habe kein Stück über zwei Lesben geschrieben, die sich unablässig betatschen. Ich habe kein Stück mit einer Szene geschrieben, in der sich eine Frau vor einem Mann auf der Bühne entblößt. Nichts im Stück deutet an, dass der Mann und die Frau die nackte Brust der Frau auf der Bühne bepudern. Ich habe kein Stück geschrieben über einen Mann, der seiner Frau beim Masturbieren hilft. Ich habe auch kein Musical fabriziert. Die Schauspieler sin-*

gen Lieder; ich habe aber nirgendwo angedeutet, dass ein Klavier sie an völlig unmöglichen Stellen begleiten sollte. Die sexuellen Handlungen, die ich erwähnte, sind nicht nur selbst schon unerträglich vulgär, sie verstoßen auch absolut gegen Geist und Absicht des Stücks.[123]

Mit der Konzentration auf die Thematik brüchiger und manipulierbarer Erinnerungen wird deutlich, dass sich Pinter nun endgültig vom klaustrophoben Mikrokosmos der frühen Stücke und deren Außenwelt-Phobie verabschiedete, obwohl es sich ja in *Alte Zeiten* vordergründig immer noch um die altvertraute Grundsituation von drei Personen in einem Zimmer handelte.

Der Drehbuchschreiber

Insgesamt vierundzwanzig Drehbücher, von denen vier nicht realisiert wurden, hat Harold Pinter verfasst. Mit seiner Begeisterung für Filme, vor allem für avantgardistische wie die von Louis Buñuel und Marcel Carné, hatte er schon seine Jugendfreunde aus der Hackney-Gang angesteckt. *Ich wusste damals viel mehr über Filme als über das Theater. Als vierzehnjähriger Schüler sah ich viel mehr Filme als Theaterstücke. Ich war Mitglied in einem Filmklub und sah russische, französische und deutsche Filme.*[124] Als er 1960 nach dem *Hausmeister*-Erfolg von Donald Pleasance und Clive Donner gebeten wurde, das Drehbuch für eine Verfilmung anzufertigen, war die Verwirklichung des mit Unterstützung privater Geldgeber zustande gekommenen Projekts für ihn eine wichtige Erfahrung gewesen. Denn er hatte die differenzierteren künstlerischen Möglichkeiten des Mediums gegenüber der abgeschlossenen Bühnenwelt erkannt. Von Joseph Losey, einem unabhängigen, aus den USA vertriebenen Bruder im Geiste, erhielt Pinter 1962 eine Anfrage, ob er nicht Lust hätte, für die Verfilmung der Novelle «Der Diener» von Robin Maugham das Drehbuch zu verfassen. Mit Losey zusammen arbeitete er an zwei weiteren Filmen, die künstlerisch und kommerziell sehr erfolgreich waren, nämlich «Accident – Zwischenfall in Oxford» und «Der Mittler».

Maughams Geschichte vom Diener Barrett (gespielt von Dirk Bogarde), der für den wohlhabenden, gerade aus Afrika zurückgekehrten Tony (James Fox) so unabkömmlich wird, dass Tony tatsächlich abhängig von ihm wird und die Herr-Knecht-Beziehung auf den Kopf gestellt wird, hat Pinter sofort fasziniert. Er veränderte jedoch die Erzählperspektive und wechselte von der subjektiven Sicht des Ich-Erzählers zur objektiven Kameraperspektive. Damit war eine kritisch distanzierte Darstellung brüchiger Wertsysteme und überholter Normen eher gegeben, was Joseph Losey ebenfalls sehr entgegenkam.

Der 1984 verstorbene Filmregisseur war ein stark europäisch geprägter Amerikaner mit einem immensen literarischen Inter-

Pinter mit Joseph Losey und James Fox (von rechts) 1962 bei den Dreharbeiten von «Der Diener»

esse. Er las schon als Fünfzehnjähriger Proust und plante sehr früh das große Proust-Projekt, für das er auch Pinter begeisterte, was jedoch nicht realisiert wurde. Pinter fand den unabhängigen, mit marxistischen Ideen sympathisierenden Losey sicher auch wegen seiner kritischen Haltung gegenüber der konservativen US-Politik und wegen seiner Ablehnung des antiquiert-hierarchischen britischen Klassensystems sympathisch. Losey war in den 1950er Jahren wegen seiner angeblich unamerikanischen Ansichten vor den McCarthy-Ausschuss geladen worden und siedelte daraufhin nach Europa über. In der amerikanischen Filmindustrie hatte der Außenseiter Losey trotz seiner Erfolge immer einen schweren Stand. Für Pinter, der Losey auch in schwierigen Phasen und bei kümmerlich finanzierten Projekten immer loyal unterstützte, war wichtig, dass er nicht als literarischer Erfüllungsgehilfe, sondern als ebenbürtiger Partner mit eigenen Ideen akzeptiert wurde und unterschiedliche künstlerische Konzepte offen diskutieren konnte. Da es mit Losey in dieser Hinsicht nie zu Problemen kam und beide Künstler sich gut verstanden, entwickelte sich das Kreativ-Duo zum idealen Arbeitsteam. *Es war die glücklichste professionelle Beziehung, die ich jemals in der Filmbranche erlebte. Ich schien ahnen zu können, was er sagen würde, bevor er etwas sagte, und er schien dasselbe bei mir zu ahnen.* [125]

«Mit Harold Pinter», schrieb Dirk Bogarde in seinem Nachruf auf Joseph Losey, «dem mit sparsamsten Mitteln akribisch und diszipliniert arbeitenden Drehbuchschreiber, erreichte er seinen künstlerischen Gipfel.» [126]

Dirk Bogarde war schon beim ersten Treffen mit Losey beim Betrachten einiger Probeaufnahmen so begeistert von diesem begnadeten Filmregisseur, dass er beschloss, «ich würde mit ihm auch dann zusammenarbeiten, wenn er nur den Londoner Stadtführer filmen sollte – er hatte mich betört. Ich wusste, was wahre Größe war, selbst wenn ich nicht viel über den Menschen wusste.» [127] Bogarde hatte Losey die Novelle für eine Verfilmung empfohlen; er bekam die Diener-Rolle nur, weil das Budget für einen

Verzerrung der Herr-Knecht-Beziehung: Dirk Bogarde als Diener Barrett und James Fox als Tony in Loseys Film «Der Diener», 1963

kostspieligen Star wie Ralph Richardson fehlte. Als der lungenkranke Losey während der Dreharbeiten vorübergehend ausfiel und die US-Produzenten das Filmprojekt schon kippen wollten, sprang Bogarde sogar ein und übernahm für Losey die Regie.

Der Kampf um Positionen, ein spezifisches Pinter-Leitmotiv, wird im «Diener» als Powerplay ausgetragen, bei dem es um die Auflösung vorgegebener Rollen und um das Umkippen der Hierarchie innerhalb eines Systems wechselseitiger Abhängigkeiten geht. Barrett überwacht die Renovierungs- und Einrichtungsarbeiten im großzügigen Londoner Haus, er kocht und ist ein souveräner Weinkenner. Er verwöhnt Tony mit einem heißen Fußbad, wenn der völlig verfroren und durchnässt ist, und wird bald unersetzlich, was Tonys Verlobter Susan missfällt. Der versnobte Barrett, der gern mit seinen früheren Diensttätigkeiten in aristokratischen Häusern renommiert, erkennt in Susan eine simpel gestrickte Middle-Class-Frau, die er nicht respektiert. So buhlen Barrett und Susan um Tonys Gunst. Barrett holt schließlich noch seine Geliebte Vera ins Haus, stellt sie als seine Schwester vor, wodurch sich die Situation zuspitzt, denn Tony tappt in diese «honey trap» und schläft mit Vera. In der Folge wird Barretts Einfluss auf seinen Herrn noch stärker, doch Susan bedrängt Tony, den dominierenden Barrett zu entlassen. Der willensschwache Tony degeneriert jedoch ohne seinen Diener zu einer lethargischen Oblomov-Existenz, lässt den Haushalt verkommen und hat sein Leben nicht mehr im Griff. Bei einer seiner ausgedehnten Zechtouren trifft er nach einiger Zeit Barrett wieder, der sich als reumütiges Opfer einer Intrige ausgibt und von Tony wieder angestellt wird – doch hat sich das Machtverhältnis nun verändert: Jetzt ist Barrett Herr im Haus, Tony ist in die Rolle des Dieners gedrängt worden, der auch psychisch in Abhängigkeit geraten ist.

Pinters Drehbuch ließ sich ohne Effekthascherei auf das Zentralthema der Desintegration von Normen und Herrschaftsverhältnissen ein. An die Stelle sozialkritischer Kommentare oder Dialoge zur Demaskierung tradierter Hierarchien, etwa mit einem parasitären Puntila aus Chelsea, treten vielmehr visuelle Effekte. «Er zieht den Zuschauer mit häufig wechselnden Perspektiven und gespiegelten Reflexen in einen Sog, der mit dem Fehlen von festen Bezugspunkten geradezu das Strukturprinzip des Drehbuchs ausmacht, das so erst das langsame Hinabgleiten in buchstäblich haltlose Zustände darstellen kann.» [128]

Losey und Pinter wollten zwar keine cinematographische Fallstudie für Behavioristen liefern, doch ist es schon frappierend, mit welcher diagnostischen Präzision hier die Ich-Schwäche Tonys herausgearbeitet ist, die in der extremen Fixierung auf die Rolle des souverän agierenden Herrn zum Ausdruck kommt. Diese Rolle kann er, wie Barrett sofort beim ersten Treffen mit dem trägen, alkoholisierten Tony registriert, aufgrund seiner fehlenden Ich-Stärke und einer mangelnden Rollendistanz jedoch nicht ausfüllen. Selten wurde die Diskrepanz von Schein und Sein so brutal seziert und bloßgelegt.

Nach der faszinierenden «Diener»-Verfilmung kam es erst 1966 wieder zur Zusammenarbeit mit Joseph Losey. Für Jack Claytons eher betuliche Verfilmung des Romans «The Pumpkin Eater» («Schlafzimmerstreit») von Penelope Mortimer (mit Anne Bancroft und Peter Finch) hatte Pinter 1964 das Drehbuch verfasst, zwei Jahre später ergab sich die nächste Kooperation mit Losey bei der Verfilmung des Romans «Accident» von Nicholas Mosley. Zur hochkarätigen Besetzung gehörten neben Dirk Bogarde, Michael York und Stanley Baker auch Vivien Merchant und Harold Pinter, der wie schon im «Diener» in einer Nebenrolle auftrat.

Losey hatte schon während der Dreharbeiten im Gespräch mit dem Kritiker John Russell Taylor verkündet, mit diesem Film über eine tödlich endende Liebesaffäre im Oxforder Uni-Milieu sein Meisterwerk liefern zu wollen. «Diesmal mache ich den perfekten Film. Ich habe das perfekte Drehbuch, eine perfekte Besetzung, ein perfektes Team.» [129]

Tatsächlich hat er dann einen beeindruckenden Film über die Rivalitäten dreier Männer gemacht, die alle von der aristokratischen österreichischen Studentin Anna fasziniert sind und um ihre Gunst buhlen. Im Roman wird die Story in einer Art Bewusstseinsstrom-Technik aus der Perspektive von Stephen (Dirk Bogarde), einem verheirateten vierzigjährigen Philosophie-Professor, erzählt. Stephen ist Annas Tutor, möchte gern eine Affäre mit ihr anfangen, sieht sich aber plötzlich als Rivale von William, den er ebenfalls als Tutor betreut. Später stellt sich heraus, dass auch der medienversierte Uni-Kollege Charlie mit Anna liiert ist. Pinter macht dar-

Irrungen und Wirrungen in Academia: Stanley Baker als Charlie und Jacqueline Sassard als Studentin Anna in Joseph Loseys Film «Accident – Zwischenfall in Oxford», 1967

aus eine Serie von Flashbacks, die mit Williams tödlichem Autounfall beginnen, den Stephen beobachtet hat. Stephen konnte Anna, die den Unfall verursacht hat, aus dem Wrack retten, verheimlicht diesen Umstand aber gegenüber der Polizei und kompensiert seine Schuldgefühle mit etlichen irrationalen Aktionen. Während eines Abstechers nach London schläft er mit einer ehemaligen Studentin, Anna überfällt er nachts und vergewaltigt sie fast.

Assoziativ vermischen sich im Film visuelle Sequenzen mit den schrillen, zersplitternden, dumpf zerkrachenden Teilen des verunglückten Autos – Stephens Eindrücke und Empfindungen werden in emotional aufgeladenen Augenblicken durch dieses Raster des Unfallszenarios gefiltert. Die latente Gewaltbereitschaft, die in kurzen Szenen zwischen Stephen und William angedeutet wird, entlädt sich plötzlich bei einem Fest auf einem mondänen Landsitz, als das kuriose Ballspiel, das irgendwo zwischen Eton-Wallgame und Rugby angesiedelt ist, mit brutalem Furor ausgetragen wird und die beiden Rivalen William und Stephen sich am liebsten gegenseitig alle Knochen brechen würden. Bezeichnend ist die Erzählstruktur, die sich fast minimalistisch auf kurze, präzise Dialoge und einprägsame Bilder beschränkt, um eine weit ausholende, lineare Erzähltechnik, die chronologisch vorgeht und Kausalzusammenhänge herstellt, zu vermeiden. So ergeben sich Überschneidungen und Übereinstimmungen zur assoziativ-mehrdeutigen Erzähltechnik, die Pinter in seinen Stücken einsetzt. *Es gibt nur wenige Dialoge, und die sind meistens trivial und bedeutungslos. Das Drama passiert im Inneren der Personen; wenn wir die weiche Oberfläche genau betrachten, können wir manches von dem erkennen, was darunter vorgeht. […] Etwas passiert und dann noch etwas, schließlich endet eine Episode, und etwas Neues beginnt. […] Aber wie kommen wir dazu, zu behaupten, dies passierte, weil eine Sache die Folgeerscheinung einer anderen ist? Woher wissen wir das? Welchen Grund haben wir, anzunehmen, dass das Leben so ordentlich und überschaubar ist? Wir können höchstens sicher sein, dass die Ereignisse in einer gewissen Reihenfolge abliefen: Aber jede Verbindung, die wir zwischen ihnen konstruieren, basiert auf reinen Vermutungen. Das Leben ist viel mysteriöser, als Film oder Theater das suggerieren. Und gerade dieses Rätselhafte fasziniert mich so: das, was sich zwischen den Worten ereignet, das, was passiert, wenn nicht gesprochen wird… In diesem Film passiert alles, ohne dass es erklärt wird. Ein direkter, intensiver Blick auf die Personen, auf die Dinge. Als ob sie ihre Geheimnisse preisgeben, wenn man ganz genau hinsieht. Das werden sie aber nicht, denn wie lange und wie genau man auch hinsieht und rätselt, so verbleibt doch immer noch ein Rest…*[130]

Die schon in seinen Stücken ausgemachte Ambivalenz des Eindeutigen, das wird nun anhand der in den Filmen eingesetzten Erzähltechnik Pinters deutlich, ist nicht auf sein besonderes Faible für bewusste Mystifikationsprozesse reduzierbar. Für ihn gehören ambivalente Situationen und die fehlende Kausaldetermination von Ereignissen zu seinem Weltbild. Dass diese Sicht sich auch in seinen Stücken widerspiegelt, wo sie jedoch mit anderen erzählerischen Mitteln zum Tragen kommt, dürfte nicht überraschen. Außerdem reizte Pinter die Effizienz filmischer Mittel, die ohne weitschweifige Vorgeplänkel und einführende Kommentare direkt auf den Punkt kommen. So ist etwa die für etliche Kritiker rätselhafte Ausgangssituation in *Alte Zeiten* erklärbar, in der Anna

lange schweigend am Fenster steht und die ausführlichen Dialog-
passagen zwischen Deeley und Kate praktisch ohne sie stattfin-
den. Beide nehmen die abseits stehende Anna nicht zur Kenntnis,
bis diese sich plötzlich in das Gespräch einmischt. Pinter wollte – sozusagen mit einem schnellen Schnitt – die übliche Einfüh-
rung einer Figur mit dem Öffnen der Tür, Begrüßungsfloskeln,
kurzer Rückblende und Small Talk vermeiden und ließ Anna daher in einer Art Vakuum in dieser Szene präsent sein.

Nicht immer wurden die Filmprojekte, an denen Pinter als
Drehbuchautor mitwirkte, so überzeugend realisiert wie in der
Kooperation mit Losey. «Ozeanische Gefühle», 1985 für John Ir-
vins Film nach dem Roman von Russell Hoban geschrieben, wird
zum melodramatischen Rührstück und floppt. Dazu Harold Pinter: *Russell Hoban, der Autor, hasste den Film. Ich war darüber sehr aufgebracht, aber ich kann ihn verstehen. Er ist uns misslungen, ganz einfach. Er glaubte, wir hätten den wahren Kern der Story nicht erfasst, und
er hatte Recht.*[131] Und der im Nazi-Deutschland spielende Film über
eine Jugendfreundschaft, «Der wiedergefundene Freund», 1989
von Jerry Schatzberg nach dem Roman «Reunion» von Fred Uhlmann produziert, reiht in der Geschichte des jüdischen Anwalts
Henry Strauss, der nach fünfundfünfzig Jahren nach Stuttgart
zurückkehrt, um seinen verlorenen Freund Konrad Graf von Lo-
henburg wiederzufinden, eine Menge von Klischeevorstellungen
über militante blonde Deutsche aneinander, ohne den subtilen
Aspekten dieser Beziehung wirklich gerecht zu werden.

Mit dem legendären Elia Kazan arbeitete Pinter 1974 zusammen. Der hatte als Broadway-Regisseur mit Inszenierungen von
Tennessee Williams' «Endstation Sehnsucht» und Arthur Millers
«Tod eines Handlungsreisenden» wahre Blockbuster produziert,
als Filmregisseur mit den Stars Marlon Brando, James Dean und
Elizabeth Taylor gearbeitet und mit «Die Faust im Nacken», «Jenseits von Eden» und «Die Katze auf dem heißen Blechdach» groß-
artige Welthits produziert. Pinter schrieb das Drehbuch für die Verfilmung des berühmten Romanfragments von F. Scott Fitzgerald,
«Der letzte Tycoon». Doch die Verfilmung der Saga um den indi-
vidualistischen Hollywood-Produzenten Monroe Stahr gestaltete
sich trotz der großartigen Besetzung mit Robert De Niro, Tony Cur-
tis, Robert Mitchum, Jeanne Moreau, Ingrid Boulting und Donald

Pleasance schwierig. Kazan musste nämlich die beiden Frauenrollen Kathleen Moore und Cecilia Brady auf Druck des Produzenten Sam Spiegel mit Ingrid Boulting und Theresa Russell besetzen, die er von Anfang an für Fehlbesetzungen hielt. Außerdem hatte Kazan erhebliche Probleme mit Pinters Script, das die Love-Story zwischen Kahn und Kathleen seiner Ansicht nach «zu halbherzig und fast wie Unterwasserszenen»[132] entwickelte. Aber er konnte seine Kritik an Pinters Arbeit kaum mit Nachdruck vorbringen, weil Sam Spiegel, wie Kazan in seiner Autobiographie schreibt, von diesem «eminenten Literaten» zu beeindruckt war, das Drehbuch für «die Heilige Schrift» hielt und meinte, Pinter gegen kritische Einwürfe verteidigen zu müssen. Außerdem beschäftigte Pinter zu der Zeit auch seine Ehekrise. «Vielleicht war dies der Grund, warum er sich nicht ganz auf seine Story konzentrieren konnte. Eines Tages fragte er mich, ob er sich von seiner Frau Vivien Merchant scheiden lassen sollte. Das war die intensivste Diskussion, die ich je mit ihm über irgendein Thema hatte. Wie konnte ich ihm aber Vorwürfe machen, dass er keine Lust hatte, sich auf das Durcheinander mit umgeschriebenen neuen Versionen einzulassen?»[133] «Der letzte Tycoon» wurde zwar kein totaler Flop, er wirkte jedoch künstlerisch nicht sehr überzeugend.

Die BBC strahlte im September 1978 das in Irland spielende TV-Melodram um die drei Schwestern Langrishe (Originaltitel: «Langrishe Go Down») aus, deren ländliche Monotonie plötzlich vom unberechenbaren deutschen Studenten Otto Beck (gespielt von Jeremy Irons) durcheinander gewirbelt wird. Pinters nach dem Roman von Aidan Higgins verfertigtes Drehbuch «Ein spätes Mädchen» hatte David Jones mit Judi Dench, Annette Crosbie und Susan Williamson verfilmt. Pinter selbst spielte darin einen versoffenen Maler; sein Interesse an vergangenen Episoden, die sich nachhaltig auf die Gegenwart auswirken, kam in den zwischen 1932 und 1937 spielenden Zeitwechseln zum Ausdruck. «Ein spätes Mädchen» ist eine oft ins Nostalgische driftende Parabel. Die Psychogramme der drei Schwestern bestechen, doch der mit sadistischen Zügen ausgestattete Otto Beck wirkt nicht sehr glaubwürdig. Pinters Interesse an dem Stoff war sicher auch von der Verklärung seiner irischen Theatererlebnisse mit der Truppe von Anew McMaster geprägt.

Dagegen erwies sich das Drehbuch für die 1981 verfilmte «Geliebte des französischen Leutnants» als raffiniertes, brillantes Meisterwerk, das dann auch für einen Oscar nominiert wurde. Der 1969 von John Fowles veröffentlichte Roman erzählt eine viktorianische Liebesgeschichte, die 1867 in der südenglischen Kleinstadt Lyme Regis spielt. Da verliebt sich der Gentleman Charles Smithson in die geheimnisvolle Gouvernante Sarah Woodruff, die wegen einer früheren Affäre «Die Geliebte des französischen Leutnants» genannt wird. Ihretwegen löst Charles seine Verlobung mit der Kaufmannstochter Ernestina Freeman, was ihn um eine hübsche Mitgift bringt und gesellschaftlich diskreditiert. Obwohl er auch noch das Erbe des Onkels verliert, nimmt Charles diese Nachteile in Kauf. Als Sarah ihn dann plötzlich verlässt, begibt er sich auf eine jahrelange Suche nach ihr. Schließlich endet die Geschichte mit einer glücklichen und einer unglücklichen Version. Der Roman war sofort ein Bestseller, wurde in achtzehn Sprachen übersetzt und erreichte bis zur Verfilmung eine Auflage von über vier Millionen Exemplaren. Zwei Verfilmungen waren nach Erscheinen des Buches geplant, sie wurden jedoch von John Fowles abgelehnt, außerdem waren in der Folgezeit die anvisierten Filmregisseure Karel Reisz und Robert Bolt zu beschäftigt, um sich um das Projekt zu kümmern.

Fowles spielt im Roman mit den Zeitebenen, die zwischen der Gegenwart und der viktorianischen Epoche wechseln, er bricht den Erzählfluss in fast dekonstruktivistischer Manier mit Abschweifungen, Fußnoten, Kommentaren des Erzählers sowie Rückblenden und schlägt dem Leser einen glücklichen und einen unglücklichen Ausgang vor. Die dadurch erzielte kritische Distanz rückt die fragwürdigen viktorianischen Moralvorstellungen in den Blickpunkt, unter denen die Protagonisten zu leiden hatten. In den folgenden zwölf Jahren hatten sich bis zur Realisierung der Verfilmung durch Karel Reisz und Harold Pinter mehrere Regisseure für den Stoff interessiert, darunter Fred Zinnemann, Mike Nichols, Richard Lester, Lindsay Anderson und Sidney Pollack. Doch sie alle resignierten angesichts der Schwierigkeiten, die komplexe Erzähltechnik mit filmischen Mitteln umzusetzen.

Als Fowles bereits plante, die Rechte ans TV zu verkaufen, begannen Reisz und Pinter mit ihrer Zusammenarbeit. Sie verwarfen die Idee, statt eines konventionellen Erzählers ein Voice-over als Kommentar zu verwenden. Stattdessen plädierten sie für eine Film-im-Film-Lösung, um die Wechsel der Erzählebenen adäquat umsetzen zu können, was der anspruchsvolle Fowles, der sich allen Filmkünstlern überlegen fühlte, auch absegnete. Der eigenwillige, originelle Fowles hatte einmal behauptet, er sei als Romanautor die Inkarnation aller Filmkunst: «In meinen Romanen bin ich Produzent, Regisseur und gleichzeitig Schauspieler und Kameramann.»[134]

Im Film wird also die Verfilmung der viktorianischen Liebesgeschichte von Charles und Sarah (Meryl Streep und Jeremy Irons) gezeigt, die ihre Entsprechung in einer ganz ähnlichen Affäre der Schauspieler Anna und Mike (ebenfalls von Meryl Streep und Jeremy Irons gespielt) hat. Puristen, die großen Wert auf das Wiedererkennen der Originalstory legten, kritisierten zwar diese modernistischen Brechungen und Interventionen. Doch ist unverkennbar, mit welcher Kunstfertigkeit die lange Zeit neben-

Subtile Brechungen viktorianischen Rollenverhaltens:
Meryl Streep als Sarah und Jeremy Irons als Charles in Karel Reisz'
Film «Die Geliebte des französischen Leutnants», 1981

Pinter mit John Fowles und Karel Reisz (von links) bei den Dreharbeiten von «Die Geliebte des französischen Leutnants»

einander verlaufenden Erzählebenen schließlich verknüpft werden, wenn die modernen Schauspieler aus ihrer Rolle fallen, als viktorianische Figuren auftreten und so die Grenzen von Realität und Kunstwelt verwischen. Dieses Verschmelzen von Realität und Illusion entsprach ebenso den Absichten Pinters wie die in den Dialogen vermittelte Mehrdeutigkeit, die durch den Wechsel zwischen den Ereignissen beim Filmen in der Gegenwart hin zur suggerierten viktorianischen Vergangenheit erzeugt wird. Mit diesem Drehbuch war es Pinter wieder einmal gelungen, den eigentlichen Kern, die Grundsubstanz eines Romans, beizubehalten und in eine originelle, bereichernde filmische Version zu transponieren. Die Rahmenbedingungen während der Dreharbeiten im beschaulichen Nest Lyme Regis, dem Wohnort des Autors John Fowles, waren einigermaßen grotesk und beinah konspirativ. In seinen Tagebüchern notierte John Fowles: «Es wurden umfangreiche Sicherheitsmaßnahmen getroffen, um zu verhindern, dass irgendjemand etwas über die Aspekte von Vergangenheit und Gegenwart in Harolds Script erfuhr, obwohl eine Zeitung dann doch darüber

Zwischen Pinter (hinten Mitte) und John Fowles (rechts vorn) entstand während der Dreharbeiten von «Die Geliebte des französischen Leutnants» ein freundschaftlicher Kontakt. Lady Antonia Fraser sitzt vorn neben Jeremy Irons

berichtete.»[135] John Fowles, der Karel Reisz und Jeremy Irons in seiner Farm einquartiert hatte, bei den Dreharbeiten anwesend war und sich im ständigen Dialog mit Pinter befand, bekam auch nur kurze Ausschnitte des Filmmaterials zu sehen.

Da die Filmcrew das Alltagsleben im Städtchen auf den Kopf stellte, konnten die kleinen Händler ihre normalen Geschäftszeiten nicht mehr einhalten. Die halbe Stadt wurde in Nebenrollen beschäftigt, die Ladenbesitzer wurden von den Filmproduzenten für ihre Ausfälle entschädigt. Ein Gentleman wollte allerdings auch dafür Ersatzansprüche geltend machen, dass sein Geschäft nicht im Film gezeigt wurde. Fowles sprang auch als Script-Doktor ein, als Pinter ihn darum bat. Er sah sich nämlich nicht in der Lage, eine fröhliche Szene zu schreiben, außerdem musste noch der erste Entwurf der Schlussszene umgeschrieben werden. «Was ihm im ersten Entwurf misslang, war die Schlussszene, in der sich Sarah und Charles noch einmal treffen (im viktorianischen Ambiente); ich glaube, es lag daran, dass er die Notwendigkeit für emotionale Aspekte nicht akzeptieren konnte. Er diskutierte aber überhaupt nicht mit mir, als ich diese Szene umgeschrieben hatte und sie Karel und ihm vorlas – all das vollzog sich ohne Irritationen oder verletzte Gefühle in einer freundschaftlichen, kooperativen Atmosphäre. Das dürfte im Filmmilieu äußerst selten sein.»[136]

Auch Pinters eigenes Gefühlsleben war während der Dreharbeiten ziemlich aufgewühlt. Lady Antonia Fraser hatte ihn nach Lyme Regis begleitet, beide hatten sich bereits auf einen Termin für die bevorstehende Hochzeit geeinigt und zur Feier auch John Fowles eingeladen. Fowles charakterisiert Pinter übrigens als eher dandyhaften «Town Fish», der sich auf dem Lande unwohl fühlt und in einem völlig fremden Umfeld agiert. Er sieht in ihm eine moderne Byron-Figur, der jedoch das mutige Draufgängertum und das «Satanische» des großen Romantikers fehle.

Für Pinter begann nun eine Phase beinah hyperaktiver, zwischen Theater, Hörspiel und Film fluktuierender Kreativität. 1982 inszeniert Peter Hall *An anderen Orten* am National Theatre, 1983 inszeniert er selbst seinen Polit-Sketch *Genau* im Rahmen einer Anti-Atomwaffen-Veranstaltung am Apollo Theater, 1984 inszeniert Pinter *Noch einen Letzten* am Lyric Theatre, und 1985 unternimmt Pinter zusammen mit Arthur Miller seine Türkei-Reise im Auftrag des PEN, die ihn in seinen Protesten gegen die Kurdenverfolgung und die Unterdrückung liberaler türkischer Autoren bestärkte. 1985 verfasst er auch das Drehbuch für «Ozeanische Gefühle». Dann schreibt er zwischen 1989 und 1990 in kurzer Folge gleich mehrere Drehbücher: «Der wiedergefundene Freund», «Die Geschichte der Dienerin» (nach dem Roman von Margaret Atwood), «Einer zuviel» (nach Elizabeth Bowens Vorlage) und «Der Trost von Fremden» (nach Ian McEwan). Dieser von Paul Schrader in Venedig abgedrehte schwülstig-ausschweifende Sex-Thriller bekam absolut vernichtende Kritiken. Weder war der Plot glaubwürdig, noch schienen die Schauspieler Helen Mirren, Christopher Walken, Rupert Everett und Natasha Richardson ganz auf der Höhe zu sein. Die Zürcher «Weltwoche» fand alles hemmungslos geschmäcklerisch stilisiert. «Im finalen Lustmord kippt der Film vollends zum freudianisch verkitschten Melodram.»[137]

Nach diesem Fiasko war Pinter besonders interessiert an einer Verfilmung des Romans von Kazuo Ishiguro, «Was vom Tage übrig blieb». Die Herr-Knecht-Thematik, das asketische, sich ganz auf die Pflichterfüllung konzentrierende Dasein des Butlers Stevens, dazu noch die Kritik an britischen Aristokraten, die in den 1930er Jahren mit den Nazis sympathisierten – dieser ebenso einfühlsame wie spannende Bestseller war ganz nach Pinters Geschmack geschrieben. Er hatte sich die Filmrechte gesichert, schrieb dann das Drehbuch für Mike Nichols, doch wurde nicht sein Drehbuch verfilmt, sondern ein anderes in Auftrag gegeben, nachdem James Ivory interveniert und die Rechte an der Verfilmung übernommen hatte.

Danach beschäftigt sich Harold Pinter wieder einmal mit Kafka. Sein Interesse an Kafka ging ja zurück bis in die Jugendjahre mit der Hackney-Gang, als er neben James Joyce und Samuel Beckett auch Franz Kafka entdeckt hatte. Nach Orson Welles wollte auch István Szabó 1989 den «Prozeß» verfilmen und Pinter für das Drehbuch verpflichten. Doch mit Pinters Vorschlag, den irrationalen Horror im historischen Kontext mit einer möglichst naturalistischen Szenerie zu zeigen, war Szabos ganz auf spektakuläre expressionistische Effekte abzielendes Konzept unvereinbar, daher wurde das Projekt wieder aufgegeben. Als sich dann 1992 die Gelegenheit bot, in Kooperation mit der BBC für David Jones' Verfilmung das Drehbuch zu schreiben, willigte er begeistert ein. Für Pinter besteht die Faszination dieses Werks in seiner drastischen Darstellung des alltäglichen Albtraums. *Ich habe den «Prozeß» als Achtzehnjähriger 1948 gelesen, dieser Eindruck geht nie verloren. [...] Der Albtraum dieser Welt liegt in seiner Gewöhnlichkeit, das ist so furchterregend und stark [...].*[138]

Die auf übertreibende Effekte setzende, 1962 produzierte Filmversion von Orson Welles hielt Pinter für missraten und verbesserungswürdig. Darin irrte ein schwitzender, verängstigter Anthony Perkins durch riesige Räume, stand vor gigantischen Türen und war zum kleinen Statisten mutiert. *Orson Welles war zwar ein Genie, aber sein Film war völlig falsch, weil er ihn zu einem unzusammenhängenden Albtraum spasmodischer Kurzbotschaften, Bilder und Effekte machte. Ich glaube, Kafka hat überhaupt nichts mit Affekten oder Effekten zu tun, sondern damit, dass etwas am Montag passiert, dann am Dienstag, am Mittwoch und bis zum Ende der Woche. Der Mann im «Prozeß» wird eines Morgens im Bett verhaftet, dann wieder freigelassen und schließlich exekutiert. Entscheidend ist, dass er äußerst entschlossen kämpft [...].*[139]

Diese vielleicht zu unspektakuläre «Prozeß»-Version war kein Publikumserfolg. Man kann darüber, wie Pinter-Biograph Michael Billington, spekulieren, ob dies auch daran lag, dass man etwa in den USA über die hinlänglich bekannte Kafka-Story nur irritiert den Kopf schüttelte und sich fragte: «Warum nimmt dieser Josef K. sich nicht einfach einen guten Anwalt?»[140] Mag sein, dass auch die gleichzeitige TV-Ausstrahlung der älteren Version von Orson Welles durch die BBC nicht gerade zur Popularität der Neuverfilmung beitrug. Jedenfalls kam «Der Prozeß» nicht über einige wohlwollende Kritiken und ein mittelmäßiges Zuschauerinteresse hinaus. Dem Drehbuch kann dies jedenfalls nicht angelastet werden; Pinter legte immer großen Wert auf absolute Werktreue, er wollte vor allem der Intention des Originals gerecht werden. Das ambitionierte Umschreiben und effektheischende Neuerfinden von Stoffen, nur um die eigene Originalität unter Beweis zu stellen, war nie seine Sache gewesen. Bemerkenswert ist, dass dieser kritische Individualist ein verlässlicher Team-Player ist, der es geradezu genoss, mit anspruchsvollen Regisseuren wie Joseph Losey oder Karel Reisz intensiv zusammenzuarbeiten, um die optimale Version für ein Drehbuch herauszufiltern: *Wissen Sie, im Kino dreht sich alles um die Zusammenarbeit.*[141]

Kunst und Kommerz sind in der Filmbranche sicher enger miteinander verknüpft als im Theatersektor. Wer den Erfolg des Script-Writers Pinter an den Honoraren messen will, kann die Entwicklung an folgenden Zahlen erkennen: Für das «Diener»-Drehbuch von 1963 erhielt Pinter dreitausend Pfund, Robin Maugham, der Autor der verfilmten Novelle, bekam 11 500 Pfund. Für den 1967 produzierten Film «Accident» wurde das Honorar dann in zwanzigtausend Pfund für Pinter und 2700 Pfund für den Autor Mosley aufgesplittet. Und für das «Mittler»-Script von 1969 kassierte Pinter 75 000 Pfund. Diese Drehbuch-Honorare dürften sich in den letzten Jahren mindestens verfünffacht haben.

Im Niemandsland

Die Auseinandersetzung mit der Zeit-Thematik ist eiskalt» [142], notiert Peter Hall nach der Lektüre von *Niemandsland* im September 1974 in seinem Tagebuch und schreibt weiter: «Es ist extrem komisch, aber auch extrem düster. Ein Stück über das Wesen des Künstlers: der echte Künstler, der vom Schaumschläger-Artisten belästigt wird [...].» [143] Und nach den ersten Proben mit John Gielgud und Ralph Richardson im Februar 1975 bemerkt er: «Heute passte alles zusammen, ich hatte das Gefühl, endlich zu erkennen, worum es hier geht – nämlich um Gegensätze. Genie gegen mangelndes Talent, Erfolg gegen Versagen, Trinken gegen Nüchternheit, Eleganz gegen Unbeholfenheit, Glattes gegen Raues, Höflichkeit gegen Gewalt. Jetzt, wo ich das begriffen habe, halte ich es für ein wunderbares Stück.» [144]

Seine beeindruckende, auf die Analyse dieses Dualismus setzende *Niemandsland*-Inszenierung am Old Vic Theatre bescherte Peter Hall im April 1975 einen seiner größten Erfolge, was sicher auch an der großartigen Besetzung mit den beiden monumentalen Stars John Gielgud und Ralph Richardson lag. Auch die deutschen Inszenierungen, besonders die in Berlin (am Schloßparktheater mit Bernhard Minetti als Spooner und Martin Held als Hirst, Regie: Hans Lietzau) und Hamburg (am Thalia Theater mit Carl Heinz Schroth und Richard Münch, Regie: Boy Gobert), entwickelten sich schnell zu Publikumsrennern. Eigentlich gibt dieses ursprünglich zur Eröffnung des Londoner National Theatre (das erst später fertig gestellt wurde) geschriebene Auftragswerk aber nicht viel her. Da gabelt der gealterte Dichterfürst Hirst den untalentierten Möchtegern-Schreiber Spooner in einer Londoner Kneipe auf, lädt ihn nach Hause ein, wo dann stark alkoholisiert über die Kunst, das Alter, die Vergangenheit und diverse Affären schwadroniert wird. Einen Plot gibt es nicht, es werden in der Tradition englischer Konversationsstücke zwar viele Themen, wie etwa die mangelnde Liebe als Quelle eigentlicher Stärke, angerissen. Doch dann wird sofort das Thema gewechselt.

Peter Hall (r.) bei «Niemandsland»-Proben mit John Gielgud und Ralph Richardson (l.) am National Theatre 1975. Foto von Anthony Crickmay

Der heruntergekommene Literat Spooner räumt in Kneipen als Gelegenheitsjobber Gläser ab und malt sich aus, in der mondänen Hampstead-Villa des wohlhabenden Hirst eine neue Bleibe zu finden. Er verhält sich wie Davies, nachdem der von Aston nach Hause eingeladen wurde, und bekundet mit schwülstigen Phrasen eine unterwürfige, sich anbiedernde Dankbarkeit, die dann jedoch, als er die Schwachpunkte in Hirsts Biographie entdeckt hat, umschlägt in bissige Häme.

In ihren Rückblicken auf alte Zeiten kommt bald düstere Endzeitstimmung auf. Das Niemandsland, *das sich nie regt, sich nie ändert, nie älter wird, doch ewig bleibt, eisig und stumm*[145], ist der kreative Stillstand, aber auch schon das sich anbahnende Ende. *Lassen Sie mich vielleicht Ihr Fährmann sein*, bietet Spooner dem altersschwachen, resignierten Hirst in diesem tristen Kammerspiel an. Und mit einem pessimistischen Endspiel-Tenor entlässt uns das Stück auch, wenn Hirst vorschlägt: *Wechseln wir das Thema. Ein letztes Mal.*[146]

Für einige amüsante Zwischentöne soll neben den alkoholisierten Dialogen auch das bei Hirst tätige ruppig-bedrohliche und undurchschaubare Diener-Sekretär-Duo Briggs und Foster sorgen, das sich so geriert, als handelte es sich um Assistenten, die nach dem Ende der *Geburtstagsfeier* von Goldberg und McCann entlassen wurden und nun ein neues Betätigungsfeld suchen. Sie wittern in Spooner den Schmarotzer, der sich im Haus einnisten will, und behandeln ihn dementsprechend unverschämt in einem schnoddrigen Kiez-Jargon.

Mag sein, dass es sich beim gescheiterten Spooner um das Alter Ego des erfolgreichen Hirst handelt. Die vier Bühnenfiguren sind alle nach bekannten, um 1900 aktiven Cricketspielern benannt. Hirst und Spooner, die für die ewigen Rivalen Lancashire und Yorkshire spielten, repräsentieren einen kämpferischen, kompromisslosen Dualismus. Für Cricket-Fans sicher ein hübscher Gag, doch für das Verständnis des Stücks unerheblich. Möglich auch, dass die rätselhaften Anspielungen der beiden Literaten auf gemeinsame Studientage in Oxford oder auf Affären mit der Ehefrau des anderen tatsächlich auf wahren Begebenheiten beruhen. Aber vieles wirkt hier zu bemüht und gekünstelt. Die Hauptfiguren können sich auch nur fragmentarisch über ihre Vergangenheit auslassen und kein Thema wirklich vertiefen, weil sie sich meistens auf dem Weg zur Hausbar befinden, um sich mit Whisky abzufüllen. Dem Verdikt von Benjamin Henrichs, der nach dem Besuch der Hamburger und Berliner *Niemandsland*-Aufführungen behauptete, «Pinter habe hier lediglich ein pompöses Thema (Alter und Tod) mit den üblichen Pinter-Tricks umspielt (und verspielt)» [147], kann daher kaum widersprochen werden. Peter Halls großes Lob über diesen Zweiakter scheint jedenfalls ebenso übertrieben wie das des Dramatikers selbst, der *Niemandsland* für eins seiner besten Stücke hält. In der Neuinszenierung von David Leveaux am Almeida Theatre 1993 spielte Pinter übrigens den Hirst – auch ein Indiz dafür, dass ihm dieses triste Kammerspiel sehr am Herzen lag.

Die düstere, misogyne Endzeit-Atmosphäre des Stücks, streckenweise wie eine Reprise auf Becketts «Endspiel» anmutend, scheint Pinters deprimierender Stimmungslage jener Zeit zu entsprechen, als er wieder einmal kurz davor war, sich von Vivien Merchant zu trennen. Sie sei sehr besitzergreifend gewesen und

Auch im «Niemandsland» ist die Hausbar gut bestückt.
John Gielgud (l.) und Ralph Richardson in Peter Halls Inszenierung
am National Theatre, 1975. Foto von Anthony Crickmay

habe sich allzu heftig an ihn geklammert, verriet Pinter in einem Interview Michael Billington. *Bedauernswert war auch, dass ihr Prestige als Schauspielerin abhängig war von meiner Arbeit, was aber gar nicht nötig war. Schließlich war sie doch bei der Royal Shakespeare Company gewesen und hatte Lady Macbeth gespielt. Sie hätte so viele andere Sachen machen können, besonders nachdem Antonia und ich schon zusammenlebten […].*[148] Er habe während dieser Zeit zwar andere sexuelle Beziehungen gehabt, aber kaum noch soziale Außenkontakte. Niemand habe sie in ihrem großen Haus in Hanover Terrace am Regent's Park besucht, ihre Auseinandersetzungen seien immer heftiger geworden. *Das alles ist sehr traurig, lässt sich aber nicht in wenigen Sätzen zusammenfassen.*[149] Einige ihrer peinlichen Auftritte in der Öffentlichkeit haben Pinter auch stark irritiert und zur Entfremdung beigetragen. Als er im November 1963 mit Vivien Merchant anlässlich eines festlichen Balls zur Preisverleihung für «Der Diener» und *Der Liebhaber* im Dorchester Hotel war, hörten sie in der Lobby plötzlich von dem schockierenden Attentat auf Präsident Kennedy. Die Gäste konnten das Ereignis kaum verarbeiten und liefen verstört herum, als Vivien Merchant laut verkündete: «Geschieht ihm recht, warum ist er auch immer so eingebildet.»[150] Harold Pinter war ebenso sprachlos wie andere Zeugen, die nicht glauben konnten, was sie da gerade von der bekannten Schauspielerin gehört hatten.

Spooners Prahlerei, dass seine innere Stärke darauf beruhe, nie wirklich geliebt worden zu sein, kann ebenso auf diese lange andauernde Ehekrise zurückgeführt werden wie all die abfälligen Bemerkungen der beiden Literaten über Frauen oder die ganz auf weibliche Rollen verzichtende *Niemandsland*-Besetzung. Offenbar befand sich Harold Pinter damals selbst in einem emotional eiskalten Niemandsland. Wie Peter Hall bemerkte, sprach Pinter in dieser Zeit häufiger dem Alkohol zu. Zur Trennung von Vivien Merchant kam es dann tatsächlich kurz nach der *Niemandsland*-Uraufführung. Drei Tage nach der Premiere war Pinter aus dem Haus am Regent's Park ausgezogen. Nach der Scheidung im Jahr 1980 konnte Pinter dann Antonia Fraser heiraten, mit der er zu diesem Zeitpunkt schon längere Zeit zusammengelebt hatte. Über diese prominente Autorin, Mutter von sechs Kindern und damals noch mit dem konservativen Abgeordneten Sir Hugh Fraser verheiratet, hatte Vivien Merchant in Pressemitteilungen behauptet, sie hätte Harold Pinter «mit Liebe verhext».[151]

Zur Kategorie der kleineren *Niemandsland*-Stücke müssen sicher auch die drei Einakter gerechnet werden, die unter dem Titel *An anderen Orten* zusammengefasst und gespielt wurden. Die Grauzonen zwischen Gegenwart und Vergangenheit, zwischen Realität und Illusion haben Pinter besonders fasziniert. Die Studie des Neurologen Oliver Sacks, der in «Awakenings» das eigenartige Phänomen der Schlafkrankheit (Enzephalitis lethargica) behandelte, hatte ihn schon seit 1973 interessiert, doch er verarbeitete den Stoff erst fast zehn Jahre später in *Eine Art von Alaska* zu einem Einakter, den Peter Hall zusammen mit den Sketchen *Victoria Station* und *Familienstimmen* unter dem Titel *An anderen Orten* 1982 im National Theatre inszenierte. Judi Dench, in der Rolle der nach neunundzwanzig Jahren aus dem Koma erwachten Debo-

Lady Antonia Fraser, Pinters zweite Ehefrau, schreibt historische Biographien und Kriminalromane.

rah, wurde zum einhellig bejubelten Star dieser Aufführung. Sie sollte für ihre grandiose Leistung, so befand etwa Sheridan Morley im «Punch», «jeden Preis bekommen, den es überhaupt nur gibt».[152] Bestechend ist die Perspektive, aus der Pinter diesem ungewöhnlichen Phänomen einer künstlichen Zeitverschiebung auf den Grund geht. Denn die fünfundvierzigjährige Deborah, als Sechzehnjährige ins Koma gefallen, ist inzwischen körperlich zur Frau herangereift, doch intellektuell ist sie das junge Mädchen geblieben, das sie zum Zeitpunkt ihres Einschlafens war. Wir registrieren die Vorgänge um sie herum im Krankenhaus nach ihrem Erwachen aus ihrer Sicht. Sie begreift weder, was mit ihrer inzwischen enorm gealterten Schwester passiert ist, noch kann sie den Schwebezustand verstehen, in dem sie sich, wie in einer Art Alaska, so viele Jahre aufgehalten hat. Pinter gelang hier jedenfalls mit einer souveränen Leichtigkeit eine zwischen verstörender Anomie und fundierter psychologischer Analyse liegende Fallstudie.

Betrogen?

1978 hatte Pinter in *Betrogen* eine im Londoner Verlagsmilieu spielende Dreiecksgeschichte beschrieben, deren autobiographischer Bezug zu seiner sieben Jahre andauernden Affäre mit der TV-Moderatorin Joan Bakewell jedoch erst 1996 enthüllt wurde, als Michael Billington seine Pinter-Biographie veröffentlichte. Damit mobilisierte er unzählige Klatschreporter, die sich begierig auf diese Story stürzten. Billington war darüber bestürzt und verblüfft – schließlich hatte Pinter ihn selbst mit Hinweisen auf Kontaktpersonen, darunter auch Joan Bakewell, auf die Spur gesetzt. An der Geschichte über Emma, die mit dem Verleger Robert verheiratet ist und eine sieben Jahre andauernde Affäre mit Roberts bestem Freund Jerry, einem Literaturagenten hat, faszinierte Billington vor allem der biographische Aspekt. Denn nun hatte er wieder einen Beleg dafür, dass Pinter nicht von abstrakten Konzepten oder Ideen ausging, wenn er ein Stück schrieb, sondern durch eigene Erfahrungen inspiriert wurde und häufig ganz deutliche Bilder – hier die Kneipe mit dem Ecktisch, wo sich Emma und Jerry treffen – als Ausgangsszenen vor Augen hatte. Außerdem, so Billington, stelle sich die Frage: Fühlte sich die Hauptfigur, nämlich Joan Bakewell, die mit dem BBC-Hörspielleiter Michael Bakewell verheiratet war und diese jahrelange Affäre mit Harold Pinter hatte, durch diesen künstlerischen Ausbeutungsprozess vielleicht auch betrogen? Sie hatte Pinter bereits 1960 nach der Londoner *Hausmeister*-Premiere kennen gelernt, die Affäre begann dann zwei Jahre später. Sie war die erste und lange Zeit einzige Frau, die an prominenter Stelle beim BBC-TV eingesetzt war und es schaffte, als Kunst- und Kulturexpertin akzeptiert zu werden sowie als Mutter Karriere und Familie unter einen Hut zu bringen.

Sie sei allerdings ziemlich konsterniert gewesen, als Pinter ihr das Manuskript des Stücks 1978 zugeschickt habe und sie bei der Lektüre die Stationen ihrer Affäre in neun Szenen zurückverfolgen konnte, erklärte sie gegenüber Billington. Sie hatte Pinter auch bedrängt, den Titel zu ändern, weil der zu sehr Schuldzu-

Die BBC-Reporterin Joan Bakewell, die den Dramatiker zum Stück «Betrogen» inspirierte, interviewt Harold Pinter für das BBC-TV, 1969.

weisung und Verdammnis implizierte. Doch aus der zeitlichen Distanz von zehn Jahren stellte sich dieser klassische Seitensprung dann als längst bewältigte, fast romanhafte Episode dar. Sowohl Joan Bakewell als auch ihr damaliger Ehemann Michael haben inzwischen wieder geheiratet. *Betrogen* thematisiert jedoch mehr als die im Stück angesprochenen heimlichen Rendezvous von Emma mit Jerry, eine als Liebesnest angemietete Wohnung oder die Reise nach Venedig, wo die Affäre tatsächlich, wie im Stück beschrieben, beinah aufgeflogen wäre, weil ein verräterischer Brief in die Hände ihres Mannes gefallen war. Unmerklich schiebt sich hier, während vergangene Episoden im Gespräch rekapituliert und Animositäten zwischen Robert und Jerry mit Small Talk und jovialen Floskeln kaschiert werden, die Frage nach verdrängten alternativen Lebensentwürfen in den Vordergrund. Emmas an Jerry gerichtete Frage: *Hast du je daran gedacht, [...] dein Leben zu ändern?*, beantwortet der mit einem spontanen: *Unmöglich.*[153] Geht es hier also nicht darum, dass alle Beteiligten ihre Chancen für einen Neuanfang aus Trägheit oder Feigheit vertun oder verdrängen? Haben sie die bourgeoise Verlogenheit schon so stark internalisiert, dass sich keiner der drei mehr zu einem Neubeginn aufraffen kann? Ist dieser autosuggestive Selbstbetrug vom zufriedenen Weiterwursteln in ungelösten Beziehungsfallen nicht das eigentliche Leitmotiv von *Betrogen*?

«*Betrogen* beginnt am Schluss, mit einer auf dem Höhepunkt der Krise herzzerbrechenden Szene, und endet sieben Jahre vorher am Anfang der Affäre. Es webt sein Netz auf sehr listige Art, und die Metaphern sind außergewöhnlich» [154], notierte Peter Hall nach der ersten Lektüre. Hall inszenierte das Stück am National Theatre im November 1978 (mit Penelope Wilton, Michael Gambon und Daniel Massey) unter unsäglichen Arbeitsbedingungen. Streiks der Bühnenarbeiter und Arbeitsdispute, Etatkürzungen und wütende Medienkampagnen gegen Peter Halls Führungsstil und seinen angeblich allzu exzessiven und extravaganten Lebensstil erschwerten der Theatertruppe die Arbeit. Am Tag der geplanten Uraufführung war nicht sicher, ob die Vorstellung wegen angedrohter Streiks überhaupt zustande kommen würde. «Die Anspannung während dieser Premiere gehört zum Grausamsten, was ich je erlebt habe» [155], vermerkte Hall damals. Diese lang anhaltenden, den Bühnenbetrieb lahm legenden Streiks und Dispute, die schon die Gründungsphase des National Theatre begleiteten und für eine um ein Jahr verschobene Eröffnung des Theaterneubaus verantwortlich waren, hatten Pinter übrigens dermaßen verärgert, dass er bei den Parlamentswahlen von 1979 zum ersten und einzigen Mal die Torys wählte – genau wie Peter Hall. Diesen Schritt hatten beide dann aber schon kurz nach der Amtsübernahme von Margaret Thatcher als großen, dummen Fehler bezeichnet und bereut.

Sehr listig, wie Hall meinte, ist die mit geschickten Rückblenden arbeitende Erzähltechnik in der Tat. Denn sie zeigt eher beiläufig in der letzten Szene, wie sich aus einigen Gesten und dem banalen Geplapper des alkoholisierten Jerry diese Affäre entwickelt hatte. *Du blendest mich, du Juwel, mein Juwel. Ich werde nie wieder schlafen können. […] Ich löse mich in Nichts auf, bin völlig gelähmt. Mein Leben ist in deinen Händen, dazu hast du mich gebracht, in einen Zustand der Katatonie […]* [156] Und statt einer üblichen Dreiecksgeschichte mit melodramatisch-larmoyanten Bekenntnissen und furiosen Streitereien serviert das Stück etliche Überraschungen.

Robert war nämlich über Emmas Affäre schon seit vier Jahren informiert, was Jerry besonders empört, weil der sich nun von seinem besten Freund, den er ja mit Emma hintergangen hat, betrogen fühlt. Zum dramatischen Showdown der beiden Rivalen Robert und Jerry kommt es nicht, eher lapidar hakt Robert diese Affäre gegenüber dem erregten Jerry als Lappalie ab: *Ach, reg dich nicht auf. Es lohnt sich nicht. [...] Du scheinst nicht zu verstehen, dass mich die ganze Sache einen Dreck schert.*[157] Im Disput mit Emma relativiert sich nun plötzlich die Ehebruch-Problematik, als Robert meint: *Ich habe Jerry immer gemocht. Um ganz ehrlich zu sein, habe ich ihn immer mehr gemocht als dich. Vielleicht hätte ich selbst eine Affäre mit ihm haben sollen.*[158] Ist das nur eine flapsige, aus Entrüstung über Emmas Seitensprung geäußerte Invektive, oder geht es im Stück vielmehr um «male bonding», um eine besonders enge Männerfreundschaft, die wohl auch den Stellenwert des ritualisierten Squash-Spiels erklären würde?[159]

Ein anderer, für ein Stück von Pinter ungewöhnlicher Aspekt ist die realistische Beschreibung der Phasen seiner tatsächlichen Beziehung mit Joan Bakewell. Es handelte sich ja nicht, wie manche Kritiker damals annahmen, um Pinters Versuch, mit der Aufarbeitung seiner Beziehung zu Lady Antonia Fraser eine britische Version von Arthur Millers Drama «Nach dem Fall» zu liefern. Zu diesem Trugschluss waren nach der Londoner Uraufführung von *Betrogen* etliche Kritiker und Zuschauer auch deshalb gekommen, weil sie in ihren Programmheften Hinweise darauf vorfanden, dass Harold Pinter bisher zwar noch mit Vivien Merchant verheiratet sei, nun aber mit der prominenten Lady Antonia Fraser zusammenlebe. Dass es sich in *Betrogen* jedoch um Pinters Rückblick auf seine längst abgeschlossene Affäre mit der 1933 geborenen Cambridge-Absolventin und BBC-Fernsehmoderatorin Joan Bakewell handelte, erfuhr die Öffentlichkeit erst, nachdem Michael Billington seine Pinter-Biographie 1996 veröffentlicht hatte – also achtzehn Jahre nach der Uraufführung und sechzehn Jahre nach seiner Heirat mit Antonia Fraser. Joan Bakewell hatte jahrelang die sehr erfolgreiche und beliebte Sendung «Front Line» moderiert und im November 1969, am Ende ihrer Affäre, in dieser Sendung ein ausführliches Interview mit Harold Pinter präsentiert.

Wenn Robert im Stück spottet, Emma und Jerry hätten ihre

Affäre ja gut organisiert, wenn beide schon seit fünf Jahren ein Apartment als Liebesnest angemietet hätten, dann entspricht das, wie auch die erwähnte Exkursion nach Torcello und Venedig, den tatsächlichen Vorgängen, wie Joan Bakewell später in ihrer 2003 veröffentlichten Autobiographie «The Centre of the Bed» bestätigte.

Joan Bakewells Ehemann Michael, das Vorbild für Robert, hatte als BBC-Hörspieldirektor Pinter nach dem *Geburtstagsfeier*-Desaster einige Aufträge, darunter auch den für das Hörspiel *Ein leichter Schmerz*, vermittelt; er blieb Pinter auch in der Folgezeit freundschaftlich verbunden. Gegenüber Billington betonte er, wie schmerzhaft es sei, über diese Affäre zu sprechen. Pinters Stück markierte schließlich das Ende ihrer Ehe. «Ich kann mich noch lebhaft daran erinnern, wie empört Harold darüber war, dass ich über die Affäre schon lange informiert war, ohne darüber zu sprechen. Ich glaube, er selbst fühlte sich betrogen.» [160]

Andererseits habe er damals auch außereheliche Beziehungen gehabt und sei inzwischen längst, wie auch Joan Bakewell, wieder verheiratet. Michael Bakewell hat diese Irritationen jedoch längst vergessen und produzierte 1995 eine zweistündige Hörspielversion des Proust-Drehbuchs von Pinter.

Die linksliberale, progressive Joan Bakewell hatte intensive Kontakte zu Künstlern, Intellektuellen und politischen Aktivisten. Über sie lernte Pinter den Dramatiker David Mercer («Flint») kennen, der ebenfalls TV-Spiele schrieb und wie Pinter mit Filmregisseuren wie Joseph Losey und Karel Reisz zusammenarbeitete. Als Harold Pinter 1970 Geschäftspartner der «Shield Productions» wurde, war David Mercer neben dem Theateragenten Jimmy Wax und dem Regisseur Christopher Morahan Teilhaber dieser Theater- und Film-Agentur. Der Sozialist Mercer, der sich mehrmals in psychiatrische Behandlung begeben hatte und in seinen letzten Jahren alkoholkrank war, starb 1980 im Alter von zweiundfünfzig Jahren. Er war eng mit Harold Pinter befreundet und hatte einen starken Einfluss auf dessen wachsendes politisches Engagement. Joan Bakewell glaubt sogar, dass Pinter seine radikaleren politischen Ansichten erst nach David Mercers frühem Tod entwickelte und sich als direkter Nachfolger des sozialistischen Freundes fühlte. «Harold ist jetzt so leidenschaftlich, wie David es damals war.

Der mit Pinter befreundete Dramatiker David Mercer beeinflusste ihn mit seinen gesellschaftskritischen Ansichten.

Harold hatte ihn und seine anarchische Gewalt geliebt, die in ihm steckte und seine politisch motivierte Wut überlagerte. Ich glaube auch, dass er unwillkürlich etwas von dieser politischen Wut Davids übernommen hat. David wäre erfreut, das zu wissen.» [161]

David Mercer hatte Pinter sofort nach der *Betrogen*-Premiere einen Brief geschrieben, in dem er ihn beruhigen und bestätigen wollte, weil die Reaktion von Publikum und Kritik anfangs eher indifferent und verständnislos war. Er bezeichnete *Betrogen* darin als großes Werk und Pinter als wahrhaft originellen Schrittmacher, der dem Publikumsgeschmack weit voraus sei. Mercer: «Mir scheint, heute besteht die tödliche Krankheit in zu viel hohler Kommunikation. Es stimmt jedenfalls, dass nur Autoren die Sprache vor der Zerstörung durch all jene retten können, die sie verhunzen.» [162]

Das Ende der Affäre mit Joan Bakewell markierte 1969 zugleich den Beginn der Beziehung zur faszinierenden Lady Antonia Fraser, der bekannten Autorin historischer Biographien und von zehn Kriminalromanen mit der Inspektorin Jemima Shore. Die dynamische Power-Lady, 1932 in London als Tochter von Lord Longford geboren, hatte die Dragon School in Oxford besucht, dort Geschichte studiert und später im Verlag Weidenfeld and Nicolson gearbeitet. 1956 heiratete sie den konservativen Abgeordneten Sir Hugh Fraser. Sie war Mutter von drei Söhnen und drei Töchtern, als Pinter sie bei einer Dichterlesung kennen lernte. Antonia Fraser war sowohl Vorsitzende des britischen PEN als auch der Vereinigung britischer Krimi-Autoren. Der englische Kriminalschriftsteller Reginald Hill zeigte sich sehr angetan von ihren zehn Krimis, aber auch von ihren Aktivitäten als Vorsitzende der «Crime Writers Association», «obwohl sie diese Krimi-Schiene wahrscheinlich so ähnlich betrachtet wie die Universitätsprofessoren, die Krimis unter einem Pseudonym schreiben. Ihre ernsteren Arbeiten sind die historischen Studien.»[163] Antonia Frasers 1969 veröffentlichte Biographie über die schottische Queen Mary wurde ein viel beachteter, in elf Sprachen übersetzter Bestseller. Sie hatte bis dahin zwar wichtige Funktionen im Verlag von Lord Weidenfeld ausgefüllt, doch lediglich Bücher über die Geschichte der Spielzeuge und Puppen sowie als Ghostwriter die Autobiographie von Christian Dior geschrieben. Es war Lord Weidenfeld, der sie ermuntert hatte, doch endlich eine «richtige Biographie» zu verfassen. Dieses Buch, so konstatierte sie später, habe ihr Leben über Nacht verändert. «Eben noch war ich die Autorin, über die alle Leute spekulierten, ob sie einen Roman oder so etwas schreibt, und im nächsten Moment hatte ich diesen Bestseller. Ich hatte geglaubt, das Buch würde als zu langatmig und langweilig beurteilt werden, daher war ich so überrascht. Aber das ist etwas, was ich mit Harold, dessen Leben sich ja auch über Nacht mit dem *Hausmeister* veränderte, gemeinsam habe.»[164]

Es folgten weitere Biographien über Cromwell, die Frauen von Heinrich VIII., militante weibliche Führungspersönlichkeiten («Warrior Queens») sowie über Marie Antoinette. Da Antonia Fraser intensive Kontakte zum politischen und intellektuellen Establishment pflegte, fand sich auch Harold Pinter bald in diese Zirkel einbezogen.

Das erste Treffen der beiden fand 1969 anlässlich der Veröffentlichung ihres Buches bei einer «Queen-Mary»-Lesung in der National Gallery statt, bei der sowohl Vivien Merchant als auch Antonia Fraser einige Partien vortrugen. Antonia Fraser erinnerte sich vor allem daran, dass man im Hintergrund einen Mann laut schimpfen hörte. Das war Harold Pinter, der einen plappernden

Wärter zum Schweigen bringen wollte. Als sie Pinter darauf ansprach, meinte der: *Ja, so etwas mache ich überall.*[165] Ein Jahr später trafen sich die beiden bei einer Biafra-Benefizveranstaltung, doch erst im Januar 1975, als sich Harold Pinter und Antonia Fraser bei einer Neuinszenierung der *Geburtstagsfeier* wiedersahen, sprang der Funke über. «So fing alles an», meinte Lady Antonia zu Michael Billington, während Pinter ergänzte: *Wir hatten uns sofort ineinander verliebt und sind nach all diesen Jahren noch genauso heftig verliebt.*[166]

In dieser euphorischen Phase vor der *Niemandsland*-Uraufführung erlebte Peter Hall einen glücklichen, geradezu entrückten Harold Pinter. «Kurzes Gespräch mit Harold über den Probedurchlauf. Dann kam er darauf, was ihn wirklich bewegte. Er wäre heftigst entflammt und glücklich, sagte er. Er meinte außerdem, dass er immer entschlossen war, absolut ehrlich gegenüber Vivien zu sein, ihr bisher aber noch nichts gesagt habe, weil sie krank gewesen war. Ich fragte weder, wer die Lady war, noch danach, was passieren würde, wenn er es Vivien berichten würde. Ich könnte mir vorstellen, dass man die Explosion dann bis zur anderen Seite vom Regent's Park hören kann. Aber er war jedenfalls absolut happy und nicht besonders an seinem Stück interessiert, was ich liebenswert fand.»[167] Und nun ging alles ziemlich schnell. Es kam tatsächlich zum großen Krach, zu dramatischen Szenen und zu Protesten, die Vivien Merchant selbst an Boulevardblätter weiterleitete. «Schauspielerin packt aus», lautete etwa eine Schlagzeile in der «Daily Mail». Sie wollte keine Scheidung und plädierte für einen Neuanfang. Doch als Pinter auf einer Trennung bestand, wollte Vivien Merchant in einem Scheidungsprozess Antonia Fraser vorladen lassen. Zur Beruhigung der Gemüter trug weder Pinters schneller Auszug aus dem Haus am Regent's Park bei noch sein vorübergehendes Untertauchen beim alten Freund Donald Pleasance. Der damals siebzehnjährige Daniel zog zwar ebenfalls mit seinem Vater aus, nahm dann jedoch den Mädchennamen seiner Großmutter mütterlicherseits, Brand, an. Er studierte später in Oxford, interessierte sich sehr für Musik, zog sich aber aufs Land zurück. Im Sommer 1975 verfolgten die Reporter Antonia Fraser und Harold Pinter so gnadenlos und penetrant, dass beide schließlich für einige Wochen aufs Land flüchteten, um dort in Ruhe den

Rückzug der Yellow-Press-Meute abzuwarten. Für die Klatschreporter war die Story wohl auch deswegen so pikant, weil Antonia
Fraser in jungen Jahren zusammen mit ihren Eltern zum Katholi-
zismus konvertiert war, ihr Vater ein sittenstrenger Moralapostel
und sie selbst Mutter von sechs Kindern war. Das einzige Theaterstück, das Pinter in dieser turbulenten Phase bis zur Scheidung
von Vivien Merchant im Jahr 1980 anfertigte, war *Betrogen* (1978),
das David Jones dann 1983 mit Patricia Hodge, Jeremy Irons und
Ben Kingsley verfilmte.

Die geballte Faust küssen

Er baute sich vor mir auf und ballte die Faust. Und dann legte er mir die andere Hand ins Genick und packte mich. [...] Seine Faust [...] streifte meinen Mund. Und er sagte: Küss meine Faust.[168] Mit dieser Erinnerung Rebeccas an das sadistische Verhalten eines ehemaligen Liebhabers beginnt Pinters 1996 im Londoner Almeida Theatre uraufgeführtes und von ihm selbst (mit Lindsay Duncan und Stephen Rea) inszeniertes Stück *Asche zu Asche*. In dem Zweipersonenstück spricht Rebecca mit Devlin, der vielleicht dieser frühere Liebhaber gewesen sein könnte. Das bleibt ebenso unklar und vage wie die von Rebecca heraufbeschworenen albtraumartigen Szenen mit verschleppten Säuglingen und andere holocaustartigen Impressionen, die sich jedoch alle im englischen Dorset zugetragen haben sollen oder nur imaginiert werden. Devlin versucht diesen Angaben auf den Grund zu gehen; möglich, dass er dies als Psychiater tut. Dieses durch die Lektüre von Gitta Serenys Speer-Biographie inspirierte düstere Kammerspiel besitzt jedenfalls eine starke Symbolkraft, die weit über diesen hier angedeuteten Mikrokosmos eines englischen Landhauses hinausweist. Denn die geballte Faust, die von der hilflosen Rebecca in geradezu sadomasochistischer Inbrunst geküsst wird, illustriert sie nicht auch die Lage unterdrückter Menschen, die von ihren autoritären Peinigern gedemütigt werden und diesen dafür noch Liebesbeweise erbringen müssen? Ist dies nicht auch Pinters bitteres Fazit einer weltpolitischen Grundsituation, die sich in den letzten Jahrzehnten kaum verändert hat? Als Pinter 1973 seinen scharfen Protest gegen den von den USA unterstützten Putsch und das Attentat auf den chilenischen Präsidenten Salvador Allende äußerte, registrierte er bei befreundeten westlichen demokratischen Regierungen – vor allem in Großbritannien selbst – einen ebenso unterwürfigen vorauseilenden Gehorsam gegenüber den USA wie während des von George W. Bush mit Tricks und Lügen provozierten Irak-Krieges, an dem sich die britische Regierung aktiv beteiligte. In seiner Nobelpreisrede forderte Pinter daher ja ausdrücklich, mit dem Hin-

Pinter 1999 bei einer Londoner Protestveranstaltung gegen
die amerikanische Irak-Politik

weis auf Downing Street, Tony Blair zusammen mit Bush vor ein
Kriegsgericht zu stellen. Seine eigene als «ständig aufgebracht
und außer Kontrolle» bezeichnete Grundhaltung muss auch unter diesem Aspekt seiner langjährigen Protestaktivitäten gegen
den amerikanischen Weltpolizisten gesehen werden. Schließlich
hatten die USA, so lautet Pinters Argument, in Mittel- und Süd-
amerika interveniert, in Vietnam Furcht und Schrecken verbrei-
tet, einen unter erfundenen Vorwänden zustande gekommenen
Präventivkrieg gegen den Irak angezettelt – und dafür wird die
geballte amerikanische Faust auch noch geküsst.

Als im Frühjahr 1982 Argentinien seinen Anspruch auf die
Falklandinseln geltend machte und Großbritannien mit einem
gigantischen Aufwand seine Kriegsmaschinerie mobilisierte, war
der britische Sieg zwar Balsam für die Volksseele und für Mag-
gie Thatchers Popularität. Doch kritische Beobachter wie Harold
Pinter und Peggy Ashcroft sowie Schauspieler vom Royal Court
Theatre, die das kritische Projekt «Falkland Sound» realisierten,
sahen hinter dieser auch aus innenpolitischen Gründen aus-

getragenen Schlacht zur Wiederwahl der eisernen Lady einen unsäglichen Zynismus, der das Land in eine gefährliche Lage gebracht und zehn Milliarden Pfund für die Neubeschaffung von Trident-Raketen verschlungen hatte. Gleichzeitig waren die Mittel für Bildung und Erziehung stark gekürzt worden. Vor diesem Hintergrund wird der allzu simpel gestrickte antimilitaristische Propaganda-Sketch *Genau* vom Dezember 1983 verständlich, in dem Stephen und Roger – vielleicht Militärs oder Think-Tank-Mitarbeiter – sich mit Zahlenspielen beschäftigen und darüber streiten, ob die Annahme von zwanzig, siebzig oder doch nur zweiundzwanzig Millionen korrekt wäre. Dass es sich dabei um die Millionen von Toten in einem Nuklearkrieg handelt, wird erst am Ende dieses Vierminutensketches deutlich. Es handelte sich hierbei um einen Beitrag für eine im Apollo Theatre durchgeführte Anti-Atomwaffen-Veranstaltung; der Aufklärungsfaktor dieser politisch korrekten Botschaft dürfte ebenso minimal gewesen sein wie die Möglichkeit, hier eine kritische Bestandsaufnahme systemimmanenter Strukturmängel eines politischen Apparats zu liefern. Pinters um 1981 einsetzender Prozess einer zunehmenden politischen Radikalisierung resultierte unmittelbar aus den unseligen US-Aktionen zur Unterstützung der Contras in Nicaragua. Harold Pinter hatte sich im Nicaragua-Komitee zur Unterstützung sandinistischer Reformbewegungen engagiert und musste nun zähneknirschend und empört miterleben, wie Ronald Reagan mit dubiosen Machenschaften die Zerstörung demokratischer Strukturen in Mittelamerika förderte. In seiner Nobelpreisrede ging Pinter auf diese weltweite amerikanische Unterstützung fast aller rechtsgerichteten politischen Systeme ausführlich und mit großer Betroffenheit ein. *Der Spaß ist vorbei*, befand er damals. Was bedeuten sollte, die Zeit subtiler Intellektuellendebatten sei abgelaufen, nun sollte kein Blatt mehr vor den Mund genommen werden. Und dementsprechend direkter und drastischer wurden nun auch Stücke wie *Noch einen Letzten* (1984) oder *Bergsprache* (1988), die sich mit der Problematik politischer Folter und Unterdrückung von Minderheiten auseinander setzten. Vom typischen Pinter-Enigma mit seinen rätselhaften Bedeutungsnuancen kann in diesen Stücken jedenfalls keine Rede mehr sein. Im 1984 von Pinter selbst am Lyric Theatre inszenierten *Noch einen Letzten* steht der Folterer

Nicolas im Mittelpunkt, der nacheinander Victor, dessen siebenjährigen Sohn Nicky und Victors Ehefrau Gila verhört. Victor soll sich als politisch unzuverlässig erwiesen haben, der Junge wird beschuldigt, Soldaten beschimpft und verunglimpft zu haben. Gila ist mehrfach von den Soldaten vergewaltigt worden, Victor wurde vor dem Verhör gefoltert. Im letzten Satz des Stücks deutet Nicolas im Gespräch mit Victor an, dass dessen Sohn vom Regime umgebracht wurde: *Ihr Sohn? Machen Sie sich weiter keine Sorgen um ihn. Er war ein kleines Arschloch.*[169]

Zu dieser Zeit war Pinter wiederholt mit der desolaten Lage von Schriftstellern in der Türkei konfrontiert worden und hatte die Hinweise auf die Unterdrückung der Kurden verfolgt. Mit dem im Stück angedeuteten Foltersystem war sicher, wie auch in *Bergsprache*, das er nach seinem Türkei-Besuch mit Arthur Miller verfasst hatte, die damals herrschende türkische Militärdiktatur gemeint. Vom hier thematisierten Verbot, die eigene Sprache zu sprechen, waren die Kurden ja tatsächlich lange Zeit betroffen; erst in den letzten Jahren scheint sich dieses Problem entspannt zu haben. Doch sollte mit diesen Stücken jede Form eines solchen autoritären Systems gebrandmarkt werden und politische Folter nicht als Problem einiger weniger exotischer Bananenrepubliken verdrängt werden. Die Soldaten in der Londoner Uraufführung der *Bergsprache* trugen britische Uniformen, was als Hinweis auf die im Nordirland-Konflikt praktizierten brutalen britischen Verhörmethoden offenbar auch so vom Publikum verstanden wurde. Es war übrigens die unbedarft-naive Reaktion zweier Türkinnen, die Pinter gegenüber gedankenlos von der Berechtigung brutaler Urteile der türkischen Justiz gegen verfolgte Autoren sprachen, da man sich ja vor Kommunisten schützen müsse, die ihn dazu veranlasst hatte, *Noch einen Letzten* in wenigen Tagen zu verfassen. Ob das Stück tatsächlich so brillant und viel sagend ist, weil der Folterknecht offenbar auch um das Verständnis seiner Opfer buhlt und damit eigene Schwächen offenbart, wie Billington und andere Kritiker meinten, darf bezweifelt werden. Gehörten eine kumpelhafte, pseudo-vertrauliche Behandlung der Opfer und ein vorgetäuschter verständnisvoller Dialog nicht immer schon zu den perfiden Methoden, die von Gestapo, KGB, Stasi, CIA usw. praktiziert wurden?

Pinters Empörung über türkische Folterknechte schließt auch die Entrüstung über tumbe Touristen ein, die die Menschen verachtenden Praktiken einer solchen Diktatur verdrängen und begeistert über angenehme Ferien in diesem mediterranen Sonnenland schwärmen. Von Lady Antonia Fraser wird berichtet, sie entferne sich sofort vom Tisch und flüchte in die Küche, um dort angelegentlich nach dem Korkenzieher zu suchen, wenn bei einem heimischen Essen ein Gast anfange, über ach so entspannende Urlaubstage in der Türkei zu schwadronieren. Unweigerlich komme es dann nämlich mit Harold Pinter zum großen Eklat.

Diese Situation unbedarfter, vergnügungssüchtiger Menschen, die in einer wohl behüteten Enklave ihren spießigen Biedermeier-Luxus genießen, während außerhalb dieser Schutzzone ein System herrscht, das willkürlich und gnadenlos alle Dissidenten verfolgt, hatte Pinter 1991 im von ihm selbst am Londoner Almeida Theatre inszenierten Stück *Party Time* (mit Dorothy Tutin und Barry Foster) beschrieben. In dem vierzigminütigen Einakter treffen sich acht Gäste in der Wohnung des Gastgebers Gavin, einem führenden Politiker, trinken Champagner, knabbern Nüsschen bei sanfter Unterhaltungsmusik. Das hohle Geplänkel über eine gemietete Insel und die speziellen Vorzüge einiger Fitness- und Tennisclubs und das Gerede über Straßensperren auf dem Weg zur Cocktailparty gewinnen jedoch bedrohliche Dimensionen, als angedeutet wird, dass sich draußen Razzien abspielen und Menschen verhaftet werden. Als sich die etwa zwanzigjährige Dusty nach ihrem verschwundenen Bruder Jimmy erkundigt, wird sie scharf von Terry, offenbar ein Mitarbeiter des Machtapparats, zurechtgewiesen, der dieses Thema tabuisiert sehen möchte. In der letzten Szene erscheint plötzlich ein in helles Licht getauchter, verwirrter Jimmy, der über furchtbare Geräusche und eine alles aufsaugende Dunkelheit klagt. *Das Dunkel ist in meinem Mund, und ich sauge daran. Es ist das Einzige, was ich habe. Es ist mein. Ich sauge es ein.*[170]

Mit diesem faden Auftritt endet das Stück, mit dem Pinter offenbar den von Margaret Thatcher propagierten Profit-Egoismus und die Absage an jede Form sozialer Verantwortung kritisieren wollte. Dies ist in Zeiten zunehmender Aversion gegen politisches Engagement sicher ein gut gemeinter Appell an Zivilcourage, doch wird hier eigentlich nur ein Zerrbild gezeigt, das ohnehin kaum ein Zuschauer akzeptieren dürfte. Von der provozierenden Frische seiner früheren Stücke, von kontroversen Situationen oder einem berührenden Thema ist Pinter in diesem statischen Szenario jedenfalls weit entfernt. In ihrer «FAZ»-Kritik zog Gina Thomas daher angesichts der unergiebigen dramatischen Qualitäten von *Party Time* das Fazit: «Pinter ist von seinen politischen Obsessionen fast völlig erdrückt worden.»[171]

Auch der als Prolog zu Ariel Dorfmans Stück «Der Tod und das Mädchen» aufgeführte Sketch *Die neue Weltordnung*, 1991 am Royal Court Theatre von Harold Pinter inszeniert, gehört in diese Kategorie. Da betrachten die beiden Männer Des und Lionel einen gefesselten, auf einem Stuhl mit verbundenen Augen sitzenden Mann und malen sich aus, wie sie ihn foltern und was sie seiner Frau antun werden. Sie nennen ihn *Motherfucker* und *Fuckpig*, dann beginnt Lionel zu schluchzen und erklärt, er sei so glücklich, sich so sauber zu fühlen. Und Des bestätigt ihn: *Ja, weil du die Welt sauber hältst für die Demokratie.*[172] Auch im Sketch *Press Conference*, einem Interview zwischen einem Minister und Reportern, wird nur bestätigt, was Stammtischexperten über machtbesessene Militärs oder Politiker in Ländern der Dritten Welt oder auf dem Balkan eh schon ahnten. Der Minister wird von einer Gruppe Journalisten nach seiner Vergangenheit als Geheimdienstchef befragt, danach, wie er damals den Umgang mit Kindern und Frauen geregelt habe.

> Presse *Wie haben Sie die Kinder umgebracht?*
> Minister *Wir haben ihnen das Genick gebrochen.*
> Presse *Und die Frauen?*
> Minister *Wir haben sie vergewaltigt. Es war alles Bestandteil eines Umerziehungsprozesses, wissen Sie. Ein kultureller Prozess.*[173]

Es ist eine zynische Abrechnung mit skrupellosen Machthabern, die von Kultur und Umerziehung reden, um ihre Verbrechen zu kaschieren. Aber bedient ein solcher Dialog nicht nur die Bestätigung plumper Vorurteile? Pinters Gedichte geben seine Wut und Empörung über den nach der irakischen Invasion in Kuwait entbrannten Golfkrieg von 1991 ungefiltert wieder. In seinen Spottversen auf amerikanisches Macho-Heldentum heißt es mehrmals:

Wir haben ihnen die Scheiße herausgeblasen oder: *Wir haben ihre Eier zu Stäubchen geblasen, zu Scheißstäubchen.*[174] Als sich etliche britische und amerikanische Blätter weigerten, dieses Elaborat zu veröffentlichen, war Pinter empört und hielt dies für einen Akt der Zensur. Dass diese Gedichte sich meistens in einer Geste hilflosen Protests erschöpfen müssen, hat Pinter selbst angedeutet, als er nach dem Beginn des Irak-Krieges im Gedicht *Die Bomben* im Februar 2003 die eigene Sprachlosigkeit angesichts des amerikanischen Bombenhagels thematisierte.

> *Man kann keine Worte mehr finden*
> *Alles, was bleibt, sind die Bomben*
> *Die platzen aus unseren Köpfen*[175]

Von altersmilder Resignation oder Indifferenz konnte trotz seiner schweren Operation nach dem Speiseröhrenkrebs-Befund im Jahr 2002 keine Rede sein. Im Gegenteil, in weiteren Anti-Kriegs-Gedichten wurde Pinters Tenor wesentlich drastischer und vulgärer.

> *David Mamet behauptete heute in einem Interview, man könnte kein Stück schreiben mit Wut im Bauch. Das bezweifle ich. Meine drei Stücke* Noch einen Letzten, Bergsprache *und* Party Time *wurden alle voller Wut geschrieben. Ich glaube, die Stücke leiden nicht darunter, weil es eine sehr kalte Wut ist. Eiskalt. Es ist keine Wut, die sich über alles ausbreitet.*
>
> Harold Pinter im Gespräch mit Mel Gussow

Ein abendfüllendes Stück von Harold Pinter gab es erst wieder 1993, also fünfzehn Jahre nach *Betrogen*. Im Mittelpunkt von *Mondlicht*, in der Regie von David Levaux am Almeida Theatre mit Ian Holm, Anna Massey, Douglas Hodge und Michael Sheen inszeniert, steht zwar der im Sterben liegende Andy, doch diese robuste Frohnatur lässt diverse Ereignisse Revue passieren, die Verwirrung stiften und bei seinen Besuchern für gute Laune sorgen. Das Stück sei irgendwo zwischen Beckett und Agatha Christie angesiedelt, hatte Regisseur Peter Zadek kommentiert, als er die deutsche Erstaufführung mit der Starbesetzung Angela Winkler, Eva Mattes, Michael Degen, Dominique Horwitz und Rolf Becker für das Hamburger Thalia Theater vorbereitete. *Mondlicht* beleuchtet jedoch nur ein mit vielen Albernheiten und abstrusen Verwirrspielen gewürztes lustiges Rätselraten. Der Tod seiner Mutter habe ihn nicht zu

Dominique Horwitz und Johannes Silberschneider als Fred und
Jake in Peter Zadeks «Mondlicht»-Inszenierung am Thalia Theater
Hamburg, 1996

Mondlicht inspiriert, hatte Pinter gegenüber dem «Independent»
erklärt; im fortgeschrittenen Alter wären Gedanken über den Tod
ganz natürlich. Doch Andy, dem angeblich sein letztes Stündchen
geschlagen hat und dem seine Familie in der Stunde der Not bei-
stehen will, macht hier noch einen putzmunteren Eindruck. Die
Ehefrau Bel sitzt zwar ruhig strickend und halbwegs betroffen
an Andys Bett, doch die schließlich noch eingetroffenen Söhne
Jake und Fred beginnen sofort ein assoziatives Memory-Game, in
dem Namen durcheinander gewirbelt und Versatzstücke von Er-
innerungs-Mosaiksteinchen zur großen Erheiterung der Familie
hin und her geschoben werden. Nichts klingt glaubwürdig, alles
bleibt im Ungefähren und dementsprechend belanglos. Über die
vielleicht endlose Finsternis, die ihn bald umgeben könnte, hören
wir von Andy nur vulgäre Flüche. Was es mit der somnambulen,
bereits verstorbenen geisterhaften Tochter Bridget auf sich hat, die
geheimnisvoll durch die Szenerie schwebt, ist ebenfalls schwer

auszumachen. Mag sein, dass sich Pinter gerade 1993, im Jahr der *Mondlicht*-Uraufführung, mit seinem Sohn Daniel geeinigt hatte, den Kontakt abzubrechen und sich vorerst nicht mehr zu treffen. Doch von einer väterlichen Sorge um den Sohn ist in diesem Stück, das den Austausch von Platitüden und Banalitäten nachgerade zu zelebrieren scheint, ebenso wenig zu spüren wie von Becketts düsterer «Endspiel»-Stimmung oder von den bewegenden Erinnerungen und Rückblicken eines Krapp in «Das letzte Band».

Umso origineller und beeindruckender geriet dafür sieben Jahre später *Celebration*, das Pinter am Almeida Theatre mit Lindsay Duncan, Keith Allen, Andy de la Tour und Susan Woodbridge inszenierte und als Double-Bill zusammen mit seinem ersten Stück *Das Zimmer* präsentierte. Ähnlich wie in *Party Time* haben sich in *Celebration* neureiche, vergnügungssüchtige Paare zusammengefunden. Doch die drei Paare befinden sich nicht auf einem von Militär oder Polizei umzingelten Gebiet, sondern mitten in einem Londoner Westend-Schickimicki-Restaurant, in dem sie zu Ente und Steak reichlich Valpolicella und Frascati trinken, während die eigenen banalen Querelen, Sex-Abenteuer hinter Aktenschränken oder Karriereaussichten genüsslich betratscht werden. An einem Tisch feiern zwei rüde, laute Ganoven-Brüder mit ihren beiden Frauen, die Schwestern sind, ihren Hochzeitstag; am anderen sitzt der Banker Russell, Mitte dreißig, mit seiner achtundzwanzigjährigen Frau Suki, der er gerade seine letzte Affäre mit einer Sekretärin gestanden hat. Lambert meint zu seinem Bruder Matt: *Heute Abend knallen wir uns die Birne zu. Weißt du, wie viel Geld ich letztes Jahr gemacht hab?*[176] Echte Feierstimmung will jedoch nicht aufkommen, weil hinter den harmlos anmutenden Sticheleien und Anspielungen Aggressionen schlummern, die gelegentlich zum Ausbruch kommen. Pinter führt den ganz auf Lustgewinn und Angebertum fixierten Hedonismus wie eine bunte Show mit ungehobelten, latent aggressiven Zirkustieren schlagfertig und mit Esprit vor, in der sich schließlich auch das Restaurantpersonal in Szene setzt. Da fällt dem jungen Ober in der Schlussszene plötzlich ein, den Gästen von seinem Großvater und dessen prominentem Bekanntenkreis zu erzählen. Sein Exkurs über diese Berühmtheiten übertrifft noch den verwirrenden Name-Dropping-Parcours, den Mick im *Caretaker* mit Londoner Stadtteilnamen oder Goldberg in

Sein letztes Stück, «Celebration», inszenierte Pinter 2000 selbst
zusammen mit «Das Zimmer» am Londoner Almeida Theatre.
Foto von Ivan Kyncl

der *Geburtstagsfeier* mit seinen verwirrenden Assoziationen absolvierte. *Mein Großvater war der Inbegriff dessen, wie Männer damals
sein wollten. [...] er war gesellig. Er liebte die Gesellschaft seiner Kum-
pel, W. B. Yeats, T. S. Eliot, Igor Strawinsky, Picasso, Ezra Pound, Bertolt
Brecht, Joe Louis, der Andrew Sisters, der Inkspots, Franz Kafka und der
Marx Brothers.*[177]

Mit einem eleganten Kunstgriff verwandelt Pinter diesen
kleinen Auftritt in einen nachdenklichen, fast melancholischen
Abgang, wenn der Kellner sich am Schluss des Stücks noch einmal
an seinen Großvater erinnert. *Mein Großvater weihte mich in das
Geheimnis des Lebens ein, und ich stecke da immer noch mittendrin. Ich
finde die Tür nicht, die hinausführt. Mein Großvater hat den Ausgang
gefunden. Er ist hinausgegangen. Er hat es hinter sich gelassen, und er
hat nicht zurückgeschaut. Damit hatte er völlig Recht.*[178] Sollte dies also
ein Plädoyer des Dramatikers für den resoluten Blick nach vorn
statt eines Rückblicks im Zorn sein? Wie auch immer, diese aus
dem neuesten und dem ersten Theaterstück bestehende Double-

Bill war jedenfalls ein rares, eindrucksvolles Theaterereignis. Mit *Celebration* war Pinter ein Schritt in eine neue Dimension realistischer, bissig-satirischer Gesellschaftskritik gelungen, während er dreiundvierzig Jahre nach der Uraufführung seines ersten Stücks *Das Zimmer*, sogar noch mit demselben Schauspieler Henry Woolf in der Rolle des Mr. Kidd, zeigen konnte, wie unverbraucht und wirkungsvoll dieses mysteriöse Kammerspiel immer noch ist.

Harold Pinter.

ANMERKUNGEN

Siglen

MB Michael Billington: The Life and Work of Harold Pinter. London 1996
MG Mel Gussow: Conversations with Harold Pinter. London 1994
PH John Goodwin (Hg.): Peter Hall's Diaries. London 1983
IS Ian Smith: Pinter in the Theatre. London 2005
VV Harold Pinter: Various Voices. Prose, Poetry, Politics. London 1998
(sämtl. Zitate aus dem Engl. übersetzt von PM)
HP Harold Pinter: Theaterstücke (Die Geburtstagsfeier, Der Hausmeister, Die Heimkehr, Betrogen, Celebration). Reinbek bei Hamburg 2005

1 BBC-Four-Interview: Front Row, 27. 2. 2005, sowie The Guardian, 28. 2. 2005, und Charlotte Higgins: Pinter bows out as playwright, The Guardian, 1. 3. 2005
2 Zitiert nach Alexander Menden: Wir sind Preisträger!, Süddeutsche Zeitung, 15. 10. 2005
3 Ebd.
4 Stimmen zum Literaturnobelpreis. In: Süddeutsche Zeitung, 14. 10. 2005
5 Tilman Krause: Avantgarde von vorgestern. In: Die Welt, 14. 10. 2005
6 Gerhard Stadelmeier: Der eingebildet Dramatische. Rätsel, Stroh und Politik. In: FAZ, 14. 10. 2005
7 Süddeutsche Zeitung, a. a. O.
8 Johann N. Schmidt: Die Ambivalenz des Eindeutigen: Zwei Filmdrehbücher von Harold Pinter. In: Literarische Ansichten der Wirklichkeit, hg. von Hans-Heinrich Freitag / Peter Hühn. Festschrift für Johannes Kleinstück. Frankfurt a. M. / Bern 1976
9 Pinter at the BBC: Michael Billington, Q&A BBC Four Talk, 6. 11. 2002. Im Internet: www.bbc.co.uk/ bbcfour/pinter/ask.shtml
10 Charles Marowitz: Pinterism is maximum tension through minimum information. In: The New York Times, 1. 10. 1967 (Magaz. Section)
11 Vgl. hierzu Horst Oppel: John Osborne: Look Back in Anger. In: Ders. (Hg.): Das moderne englische Drama. Berlin 1963, S. 316–330
12 Kenneth Tynan: Look Back in Anger. In: Tynan on Theatre. Harmondsworth 1964, S. 42
13 Alberto Moravia: The Theatre of Chatting. In: London Magazine, Bd. 9, Nr. 4 / 5 (Juli / Aug. 1969), S. 94–109
14 Marowitz, s. Anm. 10
15 Reinbert Tabbert: Harold Pinters Dramen der verlorenen Identität. Diss. phil. Tübingen 1969, S. 184
16 John Lahr: Pinter and Checkhov: The Bond of Naturalism. In: Tulane Drama Review, Bd. 13, Nr. 2 (Winter 1968)
17 Irving Wardle: Comedy of Menace. In: Charles Marowitz (Hg.): The Encore Reader. London 1965, S. 86–91; sowie sein Beitrag in John Lahr (Hg.): A Casebook on Harold Pinter's «The Homecoming». New York 1971, S. 37–44
18 Writing for Myself. In: The Twentieth Century, Nr. 169 (1961), S. 172–175
19 Richard Schechner: Puzzling Pinter. In: Tulane Drama Review, Bd. 11, Nr. 2 (Winter 1966), S. 176–184
20 Festschrift FVS-Stiftung Hamburg vom 4. Juni 1970, S. 22
21 Harold Pinter: Expelled with Arthur. In: The Guardian, 1. 3. 2005
22 Ebd.
23 Lois Gordon (Hg.): Harold Pinter – A

Casebook. New York
1990, S. 217
24 Zitiert nach: Frank-
furter Rundschau,
8. 12. 2005. Vgl.
auch: The Guardian,
8. 12. 2005
25 Ebd.
26 Ebd.
27 MB S. 11
28 The New Yorker
vom 25. 2. 1967
29 VV S. 60
30 MB S. 5
31 MB S. 6
32 MB S. 7
33 IS S. 75
34 Vgl. VV S. 35 – 37
35 MB S. 8
36 MB S. 9
37 VV S. 232
38 MB S. 9
39 MG S. 118
40 Gordon, s. Anm. 23,
S. xxxi
41 MB S. 10
42 IS S. 68
43 MB S. 13
44 MB S. 14
45 Ebd.
46 VV S. 201 sowie
S. 185
47 VV S. 61
48 VV S. 163
49 MB S. 11
50 So beschreibt Pinter
in den Gesprächen mit
Mel Gussow seine frü-
he Begeisterung für
das Kino, die beein-
druckende Kafka- und
Joyce-Lektüre, den
Einfluss von Beckett
und die prägenden
irischen Wanderbüh-
nenjahre. Auch im
Observer-Interview
von 1980 mit Miriam
Gross (IS S. 67 – 78) er-
innert er sich an seine
ersten aufregenden Le-

seabenteuer und Lie-
besaffären und ver-
weist auf die Bedeu-
tung Prousts für sein
Werk. Dieses locker
geführte Interview ist
aber vor allem wegen
seiner hymnischen
Cricket-Eloge bekannt
geworden.
51 MB S. 15
52 MB S. 20
53 Ebd.
54 MB S. 22
55 MB S. 31
56 VV S. 28
57 IS S. 160
58 VV S. 29
59 IS S. 159
60 VV S. 33
61 MB S. 39
62 VV S. 129
63 MB S. 43
64 Ebd.
65 Harold Pinter:
A Slight Ache and
other Plays (Revue
Sketches). London
1961, S. 123
66 MB S. 54
67 IS S. 50
68 MB S. 66
69 HP S. 69
70 John R. Taylor:
Anger and After. Har-
mondsworth, 1963,
S. 288
71 IS S. 170
72 MB S. 75
73 Catherine Scott:
Mrs. Pinteresque.
In: The Guardian,
20. 5. 1971
74 MB S. 83
75 MB S. 84
76 MB S. 85
77 MB S. 84
78 Ebd.
79 MB S. 85
80 Ebd.
81 HP S. 67

82 Tabbert, s. Anm. 15,
S. 103
83 MB S. 106
84 Lawrence M. Ben-
sky: Harold Pinter: An
Interview. In: George
Plimpton (Hg.): The
Paris Review / Play-
wrights at Work.
New York 2000, S. 262
85 IS S. 29
86 MB S. 102
87 Peter L. Berger /
Thomas Luckmann:
Die gesellschaftliche
Konstruktion der
Wirklichkeit. Frank-
furt a. M. 2004, S. 163
88 David Lodge: Last
to Go: A structuralist
Reading. In: Gordon,
s. Anm. 23, S. 61 – 79
89 MB S. 127
90 VV S. 21
91 Charles Evans: Pin-
ter in Russia. In: Peter
Raby (Hg.): The Cam-
bridge Companion to
Pinter. Cambridge
2001, S. 156
92 MB S. 114
93 HP S. 131
94 HP S. 149
95 HP S. 206
96 HP S. 214
97 HP S. 215
98 Kenneth Cavander:
Filming The Care-
taker. In: Transatlantic
Review, Nr. 13 (Som-
mer 1963), S. 23
99 Hallam Tennyson:
Critic at Large. BBC-
General-Overseas-
Service-Interview
7. 8. 1960 (Transcript
No. TBU 42 900)
100 Hugh Wheldon:
Monitor, BBC-TV, 5. Ju-
ni 1960 (Transcript
No. 2210)

101 VV S. 21
102 Ebd.
103 Ebd.
104 VV S. 25
105 Ebd.
106 Hugo von Hof-
mannsthal: Ein Brief.
In: Ders.: Das erzähle-
rische Werk. Frank-
furt a. M. 1969, S. 106
107 VV S. 23 f.
108 VV S. 22
109 Harold Pinter: Fünf
Dramen. Reinbek bei
Hamburg 1967, S. 104
110 Ebd.
111 MB S. 156
112 Kathleen Tynan:
The Life of Kenneth
Tynan. London 1988,
S. 270
113 BBC Four, Billing-
ton Q & A, s. Anm. 9
114 HP S. 224
115 HP S. 226
116 John Lahr (Hg.): A
Casebook on Harold
Pinter's «The Home-
coming». New York
1971, S. 169
117 Friedrich Luft: Ma-
gie des Ordinären. In:
Ders.: Stimme der Kri-
tik, Bd. 2. Berlin 1982,
S. 38
118 Harold Pinter: Brief
an Hans Schweikart.
In: Programmheft
Deutsches Schauspiel-
haus Hamburg, Heft 8
(1969/70)
119 Harold Pinter: The
Go-Between. In: Ders.:
Five Screenplays. Lon-
don 1971, S. 287
120 IS S. 73
121 Harold Pinter: Alte
Zeiten. Reinbek bei
Hamburg 1972, S. 32
122 Friedrich Luft:
Menschen, die wie

Träume sind. In: Die
Welt, 2. 5. 1972
123 MB S. 238
124 VV S. 65
125 VV S. 68
126 Dirk Bogarde: For
the Time Being. Lon-
don 1998, S. 97
127 Ebd. S. 96
128 Schmidt, s. Anm. 8,
S. 442
129 John Russell Tay-
lor: Accident. In:
Sight and Sound,
Herbst 1966, S. 182
130 Ebd. S. 184
131 VV S. 73
132 Elia Kazan: A Life.
London 1989, S. 825
133 Ebd.
134 Franz-Josef Albers-
meier und Volker Ro-
loff (Hg.): Literatur-
verfilmungen. Frank-
furt a. M. 1989, S. 350
135 John Fowles: Jour-
nals II. London 2006,
zitiert nach: The Guar-
dian, 12. 11. 2005
136 Ebd.
137 Die Weltwoche,
1. 11. 1990
138 MG S. 89
139 MG 88 f.
140 MB S. 350
141 VV S. 74
142 PH S. 119
143 Ebd.
144 PH S. 147
145 Harold Pinter: Nie-
mandsland. Reinbek
bei Hamburg 1975,
S. 95
146 Ebd.
147 Benjamin Hen-
richs: Niemandsland.
In: Theater Heute,
Februar 1976, S. 39
148 MB S. 277
149 Ebd.
150 MB S. 288

151 (Anon.): Harold
Pinter ist «verhext».
In: Hamburger Abend-
blatt, 30. 7. 1975
152 Sheridan Morley:
Treble Chance. In:
Punch, 27. 10. 1982
153 HP S. 384
154 PH S. 334
155 PH S. 390
156 HP S. 389
157 HP S. 326
158 HP S. 363
159 Benedict Nightin-
gale: Anti-Clockwise.
In: New Statesman,
24. 11. 1878
160 MB S. 267
161 MB S. 287
162 PH S. 415
163 The Guardian,
24. 8. 2002
164 Ebd.
165 MB S. 252
166 Ebd.
167 PH S. 152
168 Harold Pinter:
Mondlicht und andere
Stücke. Reinbek bei
Hamburg 2000, S. 87
169 Harold Pinter: An
anderen Orten. Fünf
neue Kurzdramen.
Reinbek 2005, S. 89
170 Harold Pinter: Par-
ty Time. London 1991,
S. 38
171 Gina Thomas: Ge-
wisse Gewissenlose.
In: FAZ, 22. 11. 1991
172 Harold Pinter:
Death etc. New York
2005, S. 31
173 Ebd. S. 63
174 Harold Pinter:
Krieg. Hamburg 2003
(o. S.)
175 Ebd.
176 HP S. 400
177 HP S. 428
178 HP S. 432

1930 10. Oktober: Harold Pinter
in Hackney, East London, geboren

1939 Evakuierung aufs Land
nach Kriegsbeginn, Rückkehr
nach London erst 1944

1948 Beendet die Hackney Downs
Grammar School. Stipendium für
Schauspielstudium an der RADA
(Royal Academy of Dramatic Art)
London. Die Ausbildung bricht er
nach einem Jahr ab. Zweimalige
Verweigerung des Wehrdienstes

1950 Erste Gedichte im Magazin
«Poetry London» veröffentlicht.
Engagements als Sprecher im
BBC-Hörfunk

1951 Von Januar – Juli Schauspiel-
unterricht an der Central School
of Speech and Drama. Schließt
sich der Schauspieltruppe des
irischen Theaterprinzipals Anew
McMaster an, tourt mit dem Ensemble durch Irland. Vgl. hierzu
autobiogr. Text *Mac*

1952 Engagement für eine Saison
am King's Theatre, Hammersmith. Anschließend als David
Baron bis 1957 Schauspieler an
diversen Provinzbühnen

1956 14. September: heiratet die
Schauspielerin Vivien Merchant.
Der Sohn Daniel wird am 29. Ja-
nuar 1958 geboren

1957 Kurzdrama *Das Zimmer* (*The
Room*), Uraufführung in Bristol
am 15. Mai (Regie: Henry Woolf).
Schreibt außerdem *Der stumme
Diener* (*The Dumb Waiter*), *Die
Geburtstagsfeier* (*The Birthday
Party*)

1958 28. April: Uraufführung
Die Geburtstagsfeier, Arts Theatre
Cambridge (Regie: Peter Wood).
Ab 19. Mai am Lyric Theatre,
Hammersmith, wo es nach einer
Woche abgesetzt wird. Schreibt
im Winter *Das Treibhaus* (*The
Hothouse*), Uraufführung erst
1980

1959 28. Februar: Uraufführung
Der stumme Diener, Städtische
Bühnen Frankfurt (Regie: Anton
Krilla)

1960 21. Januar: Premiere *Der
stumme Diener* zusammen mit *Das
Zimmer* am Hampstead Theatre
(Regie: James Roose-Evans). Am
29. Juli sendet die BBC das Hörspiel *Ein leichter Schmerz*. Am
1. März *Eine Nacht außer Haus*
(Regie: Donald McWhinnie). Am
27. April Uraufführung *Der Hausmeister* (*The Caretaker*) am Arts
Theatre, London (Regie: Donald
McWhinnie). Nach dem großen
Erfolg wechselt die Inszenierung
ins Westend, dort insgesamt 444
Vorstellungen. Gewinnt als bestes Stück des Jahres den Evening
Standard Award. DSE am 29. Ok-
tober, Schauspielhaus Düsseldorf
(Regie: Friedhelm Ortmann). *Die
Zwerge* (*The Dwarfs*) als BBC-Hör-
spiel am 2. Dezember gesendet

1961 11. Mai: Associated Rediffu-
sion TV sendet *Die Kollektion*
(Regie: Joan Kemp-Welch).
Theater-Uraufführung 1962 am
Aldwych Theatre (Regie: Peter
Hall / Harold Pinter)

1962 Drehbuch für Joseph Loseys
Verfilmung von «Der Diener»
(The Servant), nach der Novelle
von Robin Maugham, und für
Clive Donners Film *Der Haus-
meister*

1963 Am 28. März zeigt Associated Rediffusion TV *Der Liebhaber* (Regie: Joan Kemp-Welch),
Theater-Uraufführung zusammen
mit *Die Zwerge* am 18. September
am Arts Theatre London (Regie:
Harold Pinter)

1964 «Schlafzimmerstreit»
(The Pumpkin Eater) in den
Kinos, Drehbuch von Pinter
nach dem Roman von Penelope
Mortimer

1965 3. Juni: Uraufführung *Die Heimkehr* am Aldwych Theatre (Regie: Peter Hall)

1966 Verleihung des CBE (Commander of the Order of the British Empire) durch Königin Elizabeth II. Der Film «The Qiller Memorandum» in den Kinos (Drehbuch: Harold Pinter)

1967 Der Film «Accident – Zwischenfall in Oxford» in den Kinos (Regie: Joseph Losey, Drehbuch: Harold Pinter)

1968 25. April: *Landschaft und Schweigen* nach Problemen mit dem Zensor zuerst im BBC-Hörfunk gesendet

1969 Drehbuch für Joseph Loseys Film «Der Mittler» (The Go-Between). Der Film gewinnt 1971 «Die Goldene Palme» bei den Filmfestspielen in Cannes

1970 Shakespeare-Preis und Ehrendoktor der Universität Hamburg. Pinter wird Teilhaber der Firma Shield-Productions

1971 Am 1. Juni Uraufführung *Alte Zeiten* (*Old Times*) am Aldwych Theatre (Regie: Peter Hall). DSE: Thalia Theater Hamburg (Regie: Hans Schweikart)

1973 Nach dem Sturz des chilenischen Präsidenten Salvador Allende protestiert Pinter gegen die Mitwirkung der USA beim Putsch gegen Allende

1974 Drehbuch für Elia Kazans Verfilmung von «Der letzte Tycoon» (nach dem Romanfragment von F. Scott Fitzgerald)

1975 Anfang des Jahres Begegnung mit Lady Antonia Fraser bei einer Lesung. Am 23. April Uraufführung *Niemandsland* am Old Vic Theatre (Regie: Peter Hall). DSE: Thalia Theater Hamburg (Regie: Boy Gobert)

1976 Pinter trennt sich von seiner Ehefrau Vivien Merchant, die Scheidung erfolgt 1980

1978 Uraufführung *Betrogen* am National Theatre (Regie: Peter Hall)

1980 Pinter heiratet Lady Antonia Fraser

1981 Verfilmung des Romans von John Fowles: «Die Geliebte des französischen Leutnants» (Regie: Karel Reisz, Drehbuch: Harold Pinter). Am 14. Oktober Uraufführung der drei Kurzstücke *An anderen Orten* (*Eine Art Alaska, Victoria Station, Familienstimmen*)

1983 Inszeniert Pinter den Einakter *Genau* am Apollo Theatre im Rahmen einer Anti-Atomwaffen-Protestveranstaltung

1984 Uraufführung *Noch einen Letzten* (*One for the Road*) unter Pinters Regie am Lyric Theatre, London

1985 Türkei-Reise mit Arthur Miller im Auftrag des englischen PEN-Clubs, um die Lage verfolgter kritischer Autoren zu untersuchen. Protest gegen Folter, Kurden-Verfolgung und Polizeistaatmethoden in der Türkei

1986 Pinter gründet mit Lady Antonia Fraser die June 20th Society, ein kritisches Intellektuellen-Forum, zu dem Salman Rushdie, Germaine Greer, Margaret Drabble und David Hare gehören

1987 Am 20. Oktober Uraufführung *Bergsprache* am National Theatre (Regie: Harold Pinter)

1990 Der autobiographische Roman *Die Zwerge* (*The Dwarfs*) wird veröffentlicht (dt. Ausgabe 1994, Rowohlt Verlag)

1991 Am 19. Juli Uraufführung des Kurzstücks *The New World Order* am Royal Court Theatre (Regie: Harold Pinter). *Party Time* wird am 31. Oktober unter Pinters Regie am Almeida Theatre uraufgeführt

1992 Drehbuch für David Jones' Verfilmung von Kafkas «Der Prozeß»

1993 Am 7. September *Mondlicht* (*Moonlight*) am Almeida Theatre uraufgeführt (Regie: David Leveaux). DSE: Thalia Theater Hamburg als Co-Produktion mit Berliner Ensemble (Regie: Peter Zadek)

1995 David-Cohen-Preis, Ehrendoktor der Universität Sofia

1996 19. September: Uraufführung *Asche zu Asche* (Regie: Harold Pinter) am Royal Court Theatre. Lawrence Olivier Award für Theater-Lebenswerk

1997 *Various Voices*, eine Sammlung von Prosa, Gedichten, Interviews und Essays der Jahre 1948 – 1998

2000 Doppelabend mit dem ersten und dem neuesten Stück: *Das Zimmer* und *Celebration* werden am 16. März im Almeida Theatre (Regie: Harold Pinter) aufgeführt. Proust-Version nach Pinters Drehbuch von «Auf der Suche nach der verlorenen Zeit» am National Theatre aufgeführt

2002 Diagnose von Speiseröhrenkrebs, Operation. Ehrendoktor der Universität Turin

2005 Pinter verkündet in einem BBC-Interview im März, künftig keine Theaterstücke mehr zu schreiben und sich stattdessen auf politisch engagierte Lyrik zu konzentrieren

12. Oktober: Harold Pinter erhält den Nobelpreis für Literatur. Seine Dankesrede verliest er am 7. Dezember in London als Videoaufzeichnung

2006 12. März: Verleihung des mit 60 000 Euro dotierten Europäischen Theaterpreises in Turin

ZEUGNISSE

David Hare

Ich kann mir nicht vorstellen, dass irgendjemand, der in den letzten vierzig Jahren mit Harold Pinter zusammengearbeitet hat, nicht entzückt sein könnte, dass das Nobelkomitee sich doch noch von dem einmaligen Ruf freimachen konnte, in den letzten Jahren immer den falschen Preis an die falschen Leute verliehen zu haben … Ich halte seine Stücke für langlebiger und lohnender als die von Beckett, und zwar deswegen, weil er die Machtkämpfe seiner Figuren in eine beeindruckend gezeichnete soziale Wirklichkeit einbettet.

The Guardian, 14. 10. 2005

Peter Zadek und Elisabeth Plessen

Als der einzige noch große lebende Dramatiker des 20. Jahrhunderts hast Du eine herausragende Stellung in der Weltliteratur. Deine Stücke sind moralisch warnende Mysterien, vergleichbar nur den griechischen Tragödien. Jetzt hast Du, aufgeschreckt durch die moralische Verkommenheit der westlichen Welt, einen Wutschrei dagegen losgelassen. In ein paar kurzen Gedichten, die in der englischen Antikriegstradition von Wilfred Owen und Siegfried Sassoon das heute heruntergekommene England an seine wahrhaft demokratische und humane Geschichte erinnern, uns alle daran erinnern, daß wir Teilnehmer an einem Verbrechen sind, das die Zukunft uns nicht verzeihen wird. Denn wer nicht lauthals protestiert, ist mitschuldig.

Aus dem Vorwort ihrer Übersetzung des Gedichtbandes Krieg

Benjamin Henrichs

Endlich hat das Nobelkomitee einmal eine gute Wahl getroffen, wenn auch vielleicht etwas spät. Aber gewürdigt wird ja das Gesamtwerk des Preisträgers. Pinters bedeutendste Stücke sind für mich *Die Geburtstagsfeier, Der Hausmeister* und *Die Heimkehr* – herrliche, immer noch beeindruckende und aktuelle Dramen.

Gespräch mit dem Autor

Christopher Hitchens

Pinter ist ein rowdyhaftes Großmaul, dessen Zeit auf der Bühne längst abgelaufen ist. […] Ich habe mehr Witz und Originalität an den Wänden öffentlicher Toiletten wahrgenommen als beim Betrachten des Stücks *Der Hausmeister*. […] Hinter der Nobelpreisverleihung steckt eine pseudo-intellektuelle Feindseligkeit gegenüber dem Regimewechsel im Irak. Damit soll ein lächerlicher drittklassiger ehemaliger Dramatiker aufgewertet werden.

Wall Street Journal

Sir Peter Hall

Seine Stücke vermitteln ein sehr düsteres, kompromissloses, feindseliges Weltbild, das durch die Sehnsucht nach Beziehungen konterkariert wird und dadurch, dass es nicht zur echten Aussprache kommt, was sehr schmerzhaft ist. Denn alle seine Figuren bedauern etwas, sie wollen sich selbst und andere kreuzigen. In Pinters Stücken ist beeindruckend, dass es in feindseligen Situationen, in denen jeder sich irgendwie falsch verhält, lichte Momente voller Zärtlichkeit gibt, die man liebevoll hegt. Er ist zwar ein sehr pessimistischer Dramatiker, aber ich kann auch nicht sehen, wie jemand in den 1960er und 1970er Jahren schreiben und dabei ein besonders sonniges Weltbild vermitteln konnte … Das Große an ihm ist, dass seine Zärtlichkeit und sein Mitgefühl nicht sentimental sind,

sondern extrem genau … Er ist
nicht zynisch, sondern hellsichtig.
Ian Smith, Pinter in the Theatre

Friedrich Luft
Er macht das Gegenteil von Realismus in einer scheinbar ganz glaubwürdig realistischen Szenerie. Seine
Personen werfen andere Schatten
als wir. So genau, wie Pinter in all
seinen Stücken gesellschaftlich, nach
Temperament und allgemeinem
Herkommen, ja sogar sprachlich
oder geradezu durch ihren Dialekt
seine Figuren lokalisiert, kommen
sie doch alle, um eine zutreffende
romantische Wendung zu benutzen,
«aus dem Walde». Moderne Kas-
par-Hauser-Naturen allzumal. Ihre
Schatten fallen anders. Ihre Herkunft
können sie, blicken sie zurück, schon
selber nicht mehr erkennen.
Friedrich Luft: Stimme der Kritik, Bd. 2

Gerhard Stadelmaier
Es herrscht bei Pinter eine verschärf-
te Unschärfe der Blickwinkel, die
so lange gebrochen werden, bis das
Irreale sich als reell verkauft. Und
Fremdheit mit Fremdheit multipli-
ziert ergibt eine Pinter-Stimmung,
die zwar das Rätselhafte stets zu-
verlässig produziert, aber dessen
Bedrohlichkeit, Gefahr und absurde
Wichtigkeit mehr behauptet als darstellt oder gar verdichtet. Es bleibt
bei allem poetischen Absurditäts-
schwung und aller mysteriösen
Prätention immer ein öder Rest.
Und dieser Rest buchstabiert sich
(seid ehrlich!) «Langeweile».
Zur Nobelpreisverleihung,
FAZ, 14. 10. 2005

Michael Billington
Es werden viele Einwände gegen
Pinters politische Stücke erhoben.
Einer lautet, dass sie aus einer Position der Gewissheit resultieren,
während ein gutes Stück doch vom
Zweifel genährt werde. Sicher hat
Nietzsche behauptet, «Überzeugungen sind Gefängnisse», es ist
aber historisch unsinnig, zu suggerieren, dass Theater nur in einem
ideologischen Vakuum existieren
kann: Von Aristophanes bis Arthur
Miller haben Dramatiker immer
mit einer moralischen Leidenschaft
geschrieben.
The Guardian, 14. 10. 2000

BIBLIOGRAPHIE

Bibliographien, Periodika, Hilfsmittel

Gillen, Francis, und Gale, Steven H. (Hg.): The Pinter Review. Tampa 1987 ff. Erscheint jährlich. Mit Essays und Bibliographie
Gordon, Lois (Hg.): Harold Pinter – A Casebook. New York 2000 Enthält Aufsätze, Fotos und ausgew. Bibliographie
Modern Drama: Harold Pinter Issue. Univ. of Toronto, Dezember 1974

Originalausgaben

The Room and The Dumb Waiter. London 1960
The Birthday Party. London 1960
The Caretaker. London 1960
A Slight Ache and other Plays. London 1961
The Collection and The Lover. London 1963
The Homecoming. London 1965
Tea Party. London 1967
Poems. London 1968
Landscape and Silence. London 1969
Old Times. London 1971
Five Screenplays. The Servant, The Pumpkin Eater, The Quiller Memorandum, Accident, The Go-Between. London 1971
Monologue. London 1973
No Man's Land. London 1975
The Proust Screenplay. New York 1977
Poems and prose 1947–1977. London 1978
Betrayal. London 1978
The Hothouse. London 1980
The French Lieutenant's Woman and other Screenplays. The Last Tycoon, Langrishe, Go Down. London 1981
Other Places. London 1982
Party Time. London 1991
The Comfort of Strangers and other Screenplays. Reunion, Turtle Diary, Victory. London 1990
Celebration & The Room. London 2000
Death etc. New York 2005
Various Voices. London 2005

Ausgewählte deutsche Ausgaben

Fünf Dramen. Die Heimkehr, Der Liebhaber, Die Kollektion, Teegesellschaft, Tiefparterre. Reinbek bei Hamburg 1967
Mondlicht und andere Stücke. Reinbek bei Hamburg 2000
Theaterstücke. Die Geburtstagsfeier, Der Hausmeister, Die Heimkehr, Betrogen, Celebration. Reinbek bei Hamburg 2005
Die Zwerge. Reinbek bei Hamburg 2005
An anderen Orten. Fünf neue Kurzdramen. Reinbek bei Hamburg 2005
Krieg. Hamburg 2003

Forschungsliteratur

Zur Biographie

Billington, Michael: The Life and Work of Harold Pinter. London 1996
Esslin, Martin: Harold Pinter. Velber 1967
–: The Peopled Wound. London 1970
Grinberg, Henry: Pinter at School. In: The Pinter Review 1999/2000, S. 1–4
Gussow, Mel: Conversations with Pinter. London 1994

Zum Werk

Allgaier, Dieter: Die Dramen Harold Pinters: Eine Untersuchung von Form und Inhalt. Diss. Phil. Frankfurt 1968

Baker, William, und Cross, John C.: Harold Pinter – A Bibliographical History. London 2005

Bensky, Lawrence M.: Interview with Harold Pinter. In: Plimpton, George (Hg.): Playwrights at Work. The Paris Review Interviews. New York 2000

Brody, Alan: The Gift of Realism: Hitchcock and Pinter. In: Journal of Modern Literature, Philadelphia, April 1973, S. 149 – 172

Brown, John Russell: Dialogue in Pinter and others. In: The Critical Quarterly, Herbst 1965, S. 225 – 243

Bryden, Ronald: Three Men in a Room. In: New Statesman, 26. Juni 1964, S. 1004

–: A Stink of Pinter. In: New Statesman, 11. Juni 1965, S. 928

–: Historic Pinter. In: New Statesman, The Observer, 9. Februar 1969, S. 26

Burkman, Katherine H., Pinter's «A Slight Ache» as Ritual. In: Modern Drama, Dezember 1968, S. 326 – 335

–: The Dramatic World of Harold Pinter: It's Basis in Ritual. Ohio 1971

Burkman, Katherine H., und Kundert-Gibbs, John (Hg.): Pinter at Sixty. Bloomington 1993

Cohn, Ruby: The world of Harold Pinter. In: Tulane Drama Review, März 1962, S. 55 – 68

Dick, Kay: Mr. Pinter and the Fearful Matter. In: Texas Quarterly, Herbst 1961, S. 257 – 265

Dukore, Bernard: The Theatre of Harold Pinter. In: Tulane Drama Review, März 1962, S. 43 – 54

Esslin, Martin: Das Theater des Absurden. Reinbek bei Hamburg 1977

–: Pinter. A Study of his Plays. London 1973

Ganz, Arthur (Hg.): Pinter. A Collection of Critical Essays. 1972

Gordon, Lois G.: Strategems to Uncover Nakedness. The Dramas of Harold Pinter. Columbia 1970

Hayman, Ronald: Harold Pinter. London 1968

Hinchliffe, Arnold P.: Harold Pinter. New York 1967

Hollis, James R.: Harold Pinter. The Poetics of Silence. Carbondale 1970

Kerr, Walter: Harold Pinter. New York 1967

Knowles, Ronald: Understanding Harold Pinter. Raleigh 1995

Lahr, John (Hg.): A Casebook of Harold Pinter's The Homecoming. New York 1971

–: Pinter and Checkhov: The Bond of Naturalism. In: Tulane Drama Review, Winter 1968, S. 137 – 145

Marowitz, Charles: «Pinterism» is Maximum Tension Through Minimum Information. In: The New York Times, 1. Oktober 1967 (Mag. Section), S. 36 ff.

Mengel, Ewald: Harold Pinters Dramen im Spiegel der soziologischen Rollentheorie. Frankfurt a. M. / Bern 1978

Merritt, Susan Hollis (Hg.): Pinter in Play. Durham 1990

Müller-Zanoth, Ingrid: Der Dialog in Harold Pinters Dramen. Frankfurt a. M. / Bern 1977

Münder, Peter: Harold Pinter und die Problematik des absurden Theaters. Frankurt a. M. / Bern 1976

–: Lebenslüge als rhetorische Trivialität. In: Spectaculum 34. Frankfurt a. M. 1981, S. 301 – 304

–: Productions: «Moonlight» in Hamburg. In: The Pinter Review 1995 – 96, S. 168 – 70

–: Das Problem der Realität im Werk Harold Pinters. In: Neue Zürcher Zeitung, 12. April 1972, S. 52

Prentice, Penelope: The Pinter Ethic. New York 2000

Quigley, Austin E.: The Pinter Problem. Princeton 1975

Raby, Peter (Hg.): The Cambridge Companion to Harold Pinter. Cambridge 2001

Schechner, Richard: Puzzling Pinter. In: Tulane Drama Review, Winter 1966, S. 176 – 184

Schlegelmilch, Wolfgang: Der

Raum des Humanen. Zu Pinters «The Caretaker». In: Die Neueren Sprachen, Juli 1964, S. 328–332

Schmidt, Johann N.: Die Ambivalenz des Eindeutigen: Zwei Filmdrehbücher von Harold Pinter. In: Literarische Ansichten der Wirklichkeit. Studien zur Wirklichkeitskonstitution in englischsprachiger Literatur. Festschrift für Johannes Kleinstück. Frankfurt a. M. / Bern 1976

Smith, Ian (Hg.): Pinter in the Theatre. London 2005

Taylor, John Russell: Anger and After. Harmondsworth 1963

–: Harold Pinter. Harlow 1969

–: Accident. In: Sight and Sound, Herbst 1966, S. 179–184

Trussler, Simon: The Plays of Harold Pinter. An Assessment. London 1973

Tynan, Kenneth: Tynan on Theatre. Harmondsworth 1964

–: Tynan Right and Left. London 1997

Uhlmann, Wilfried: Neurotische Konflikte und triebgesteuertes Sozialverhalten in den Stücken Harold Pinters. In: Literatur in Wissenschaft und Unterricht 5, 1972, S. 299–311

Wardle, Irving: The Territorial Struggle. In: Lahr, John (Hg.): A Casebook on Harold Pinters The Homecoming. New York 1971, S. 37–44

–: There's Music in that Room. In: Marowitz, Charles: The Encore Reader. London 1965, S. 129–132

–: Comedy of Menace. In: Encore Reader, S. 86–91

Wendt, Ernst: Das Ehe-Spiel. Anmerkungen zu Pinters «Liebhaber». In: Theater Heute, Juni 1965, S. 58–59

Verfilmungen

The Caretaker. Großbritannien 1963. Regie: Clive Donner. Darsteller: Donald Pleasance, Robert Shaw, Alan Bates

The Birthday Party. Großbritannien 1967. Regie: William Friedkin. Darsteller: Robert Shaw, Patrick Magee, Sydney Tafler, Dandy Nichols

The Homecoming. Großbritannien 1969. Regie: Peter Hall. Darsteller: Ian Holm, Cyril Cusack, Michael Jayston, Vivien Merchant, Terence Rigby

Betrayal. Großbritannien 1981. Regie: David Jones. Darsteller: Patricia Hodge, Jeremy Irons

Pinter im Internet

www.haroldpinter.org
Mit Links u. a. zur Biographie, zu den nächsten Aufführungen seiner Stücke, zu Filmen, Kricket, Politik, Prosa, Gedichten und Pinters Regie-Arbeiten

www.bbc.co.uk/bbcfour/pinter
Vom 26. Oktober – 9. November 2002 veranstaltete die BBC im Radio und TV zwei Wochen mit Theaterproduktionen, Hörspielen und Filmen von und mit Harold Pinter. Gezeigt wurden die Filmklassiker «The Servant», «The Caretaker», «Accident», «The Homecoming» sowie die Stücke «One for the Road», «The Room» sowie «Celebration». Außerdem gab es Interviews sowie «Questions and Answers» mit dem Guardian-Theaterkritiker und Pinter-Biographen Michael Billington

Über den Autor

Peter Münder, Jahrgang 1941, studierte Anglistik, Germanistik und Philosophie in Londonderry (Nordirland), Hamburg und Berlin und promovierte mit einer Arbeit über «Harold Pinter und die Problematik des absurden Theaters». Er war als DAAD-Lektor an der deutschen Abteilung der Chulalongkorn-Universität in Bangkok tätig und lebt jetzt als freier Autor in Hamburg. Er schreibt Reportagen und Kritiken, u. a. für «Süddeutsche Zeitung», «Der Spiegel», «Hamburger Abendblatt», «Berliner Zeitung».

Ölgemälde: Joseph Karl Stieler

rowohlts monographien

Dichter und Literaten

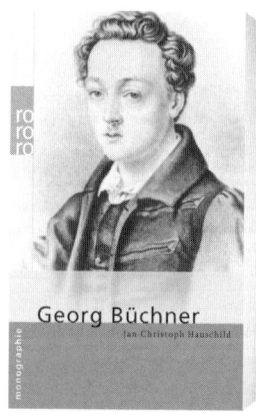